Gabriele Hasmann

Spuk in Bayern

Gabriele Hasmann

SPUK IN BAYERN

Der königliche Wassergeist,
die Weiße Frau und andere
mysteriöse Begebenheiten

ueberreuter

Dank
an
alle Interviewpartner, Facebook-Freunde und
Michael Gretschmann von den Schongauer Nachrichten

1. Auflage 2019

ISBN 978-3-8000-7725-0

Covergestaltung: Saskia Beck, s-stern.com
Coverfoto: Shutterstock
Lektorat: Marina Hofinger
Satz: Hannes Strobl, Satz·Grafik·Design, Neunkirchen
Druck und Bindung: CPI Moravia Books s. r. o.
www.ueberreuter-sachbuch.at

Was trag ich auf meinen Schultern?
Was für Gespenster umhängen mich?

Franz Kafka
(1883–1924)
Achtes Oktavheft, 1916

Inhalt

Einleitende Worte

Für dieses Buch habe ich unheimliche Ort besucht, schaurige Geschichten gehört und historische Details über rätselhafte Vorkommnisse recherchiert. Viele Dinge, die zunächst noch im Verborgenen lagen, wurden ans Licht befördert, um über die betreffenden grauenhaften Missetaten berichten und deren Opfern ein literarisches Denkmal setzen zu können.

Bei der Suche nach paranormalen Begebenheiten an geheimnisvollen Schauplätzen entdeckte ich unheimliche Wälder, mystische Seen und gespenstische Burgen; ich traf auf dutzende Einheimische, die hinter vorgehaltener Hand über ihre außernatürlichen Erlebnisse berichteten, sowie auf Augenzeugen, die den Schock über gewisse grauenerregende Vorfälle bis heute nicht verwinden konnten. Die Erzählungen dieser Personen über ihre Begegnungen mit den Jenseitsgestalten und die Beschreibungen toter Wesen sorgen sicher für Gänsehaut!

Meine Spuktour führte mich in das Reich des „Märchenkönigs" Ludwig II., der ein großes Geheimnis mit ins Grab nahm, das seine Seele nicht in Frieden ruhen lässt. Sie brachte mich zu mittelalterlichen Hinrichtungsstätten, an denen die Durchlässigkeit zwischen Diesseits und Jenseits körperlich spürbar wird. Sie ließ mich alte Ruinen einst herrschaftlicher Anwesen mit Ehrfurcht betrachten und angesichts ihrer düsteren Vergangenheit erschauern. Und sie schenkte mir Einblicke in manch mysteriöse Legende, die sich um die verwitterten Mauern einst stolzer Burgen und prunkvoller Sakralbauten rankt.

Bei näherer Betrachtung der historischen Hintergründe wurde ich während meiner Reise immer wieder in die Vergangenheit katapultiert, in eine Zeit, in der raue Sitten vorherrschten, der Willkür Tür und Tor geöffnet war und in der die Frömmigkeit Menschen nicht vom Töten abhielt.

Ich habe einige Geschichten mit Wurzeln in den bayerischen Traditionen oder regionalen Sagen und anderen mündlichen

Überlieferungen zusammengetragen, dazu die historischen Hintergründe recherchiert und diese mit aktuellen Begebenheiten ergänzt. Einige der Texte basieren auch auf Gerüchten aus der Bevölkerung – doch auch hinter solchen Informationen steckt fast immer ein Körnchen Wahrheit, meist sogar viel mehr als das.

Vor Ihnen liegt nun also eine Mischung aus bekannten und unbekannten Erzählungen mit einigen echten Juwelen bayerischer Geistergeschichten, mit Bezug zur Historie des jeweiligen Orts, verwoben mit Berichten über gegenwärtige Spukereignisse.

Alle Inhalte wurden, soweit es die Arbeit mit Menschen, alten Schriften und dem Internet zulässt, so gut wie möglich auf ihre Glaubwürdigkeit überprüft. Die Wahrheit liegt bei paranormalen Wahrnehmungen allerdings in den meisten Fällen irgendwo zwischen tatsächlich Erlebtem, Intuition und Glauben. Und ein bisschen Einbildung, Hysterie und Fehlinterpretation wird sich wohl auch hin und wieder zu den Berichten über Geistersichtungen hinzugesellen.

Ein Wort noch zum Besuch der Schauplätze, falls der Wunsch besteht, dort ebenfalls ein paranormales Phänomen zu erleben: Wesen aus dem Jenseits erscheinen nicht, nur weil man sich wünscht, ihnen zu begegnen. Überirdische Existenzen tauchen dann auf, wenn es einen für sie erkennbaren Grund dafür gibt.

Zuletzt noch ein Appell aufgrund von immer häufigerem rücksichtslosem und respektlosem Verhalten, vorwiegend bei sogenannten „Lost Places“, das einhergeht mit Verschmutzung, Ruhestörung und sogar Akten von Vandalismus: „*Take nothing but photos, leave nothing but footprints.*“

Darüber hinaus ist darauf hinzuweisen, dass ein unerlaubtes Betreten von Gebäuden oder abgegrenzter Grundstücke wegen möglicher Einsturzgefahr nicht nur gefährlich ist, sondern in Einzelfällen rein rechtlich als Hausfriedensbruch gewertet werden kann.

Ist in diesem Buch von einer unerlaubten Begehung die Rede, wurde diese von Personen vorgenommen, deren Namen ich nicht kenne oder nenne. Ebenso anonym wollen die meisten Zeugen bleiben, was zu respektieren ist.

Ich wünsche Ihnen viel Spaß beim Lesen und Gruseln!

Ihre Gabriele Hasmann

Marienplatz (Landeshauptstadt München)

Flüche, Blut, ein Geistermönch und Schreie aus der Folterkammer

Als der Markt „Munichen“ im Jahr 1158 durch den Welfenherzog Heinrich den Löwen gegründet wurde, befand sich in dessen Zentrum der Kreuzungspunkt zweier mittelalterlicher Handelswege. Der Platz, an dem sich die Ost-West-Achse als Teil der ehemaligen Salzstraße von Salzburg nach Augsburg und die Nord-Süd-Achse vom Alpenvorland nach Nürnberg trafen, war von Anfang an bestimmend für die Entwicklung der Ansiedlung.

1214 erhielt München das Stadtrecht, 1240 kam es in den Besitz der Wittelsbacher und wurde 1255 herzogliche Residenz. Im Jahr 1315 verlangte Kaiser Ludwig der Bayer, dass „die Mitte auf ewige Zeiten hin unbebaut zu bleiben habe“, was die Einwohner dazu veranlasste, Buden aufzustellen und darin Fisch, Eier, Wein, Feldfrüchte und Getreide zu verkaufen. Als der damals so genannte „Marktplatz“ nach dem Abriss einiger Gebäude und einer Kapelle im Jahr 1481 noch größer geworden war, veranstalteten die Münchner dort Turniere – etwa 1568 bei der Hochzeit von Wilhelm V. mit Renata von Lothringen – und empfingen dort hochherrschaftliche Gäste.

Zudem fanden im Stadtzentrum Hinrichtungen von Straftätern statt. An Tagen einer öffentlichen Exekution versammelten sich die Münchner schon früh in Erwartung des öffentlichen Spektakels beim Galgen oder Schafott. Die sensationslüsternen Gaffer standen mit Bekannten und Nachbarn zusammen, tratschten, lachten und hielten Ausschau, ob der in Ketten gelegte Delinquent und seine Bewacher schon zu sehen waren. Die Wartezeit wurde den Schaulustigen mit kleinen Imbissen wie Arme-Sünder-Würsten und Galgenbier versüßt, außerdem verkauften Frauen Abschriften des Todesurteils als Erinnerung an das aufregende Erlebnis an das Publikum.

Betrat der Scharfrichter seine „Bühne“, wurde er mit Jubel empfangen – während er im Gegensatz dazu im Alltag von der Bevölkerung als Unglücksbringer gemieden wurde; niemand wollte etwas mit ihm zu tun haben oder ihm gar zu nahekommen. Aus diesem Grund trug er privat die farbenfrohe Kleidung eines Kaspers mit angenähten Schellen, damit ihn auf seinen Wegen durch die Stadt jeder sofort erkannte und schon von Weitem hörte. Bei Hinrichtungen trugen Henker meist rote Kleidung, vor allem wenn sie mit der Axt hantierten. Das hatte den Grund, dass die Gattinnen die Textilien nicht so heftig schrubben mussten, um auch noch den letzten kleinen Blutfleck zu entfernen.

Wurde der Todgeweihte zum Geläut der Arme-Sünder-Glocke im Nordturm des „Alten Peter“, wie man die Pfarrkirche St. Peter noch heute im Volksmund nennt, endlich auf den Platz geführt, stieg die Stimmung beträchtlich. Die Zuschauer pfiffen, johlten und klatschten Beifall, bis der Henker seines Amtes gewaltet hatte.

Erst wenn der Unhold am Strang baumelte oder sein Kopf in den bereitgestellten Korb fiel, verstummte die geifernde Menge und verzog sich murmelnd – der Gerechtigkeit war wieder einmal Genüge getan. Die leblosen Körper der Straftäter blieben nach der Vollstreckung des Todesurteils meistens noch ein paar Stunden auf der Hinrichtungsstätte liegen und wurden erst abends durch Mitglieder einer Totenbruderschaft entfernt.

Zu jener Zeit trieb der Aberglaube im Zusammenhang mit Exekutionen oft seltsame Blüten. Es existierte beispielsweise der Brauch, sich ein „Stück“ vom Leichnam eines Delinquenten zu besorgen – besonders beliebt waren hierbei ein Fingerglied oder ein Daumen. Diese Körperteile wurden als magische Amulette verwendet und galten als kraftvolle Glücksbringer: In der Geldbörse verwahrt sollten sie für immerwährenden Reichtum sorgen, unter der Hausschwelle vergraben hatten sie die Funktion des Hüters über das gesamte Anwesen.

Kaufleute und Gastwirte platzierten ihr makabres Diebesgut auch gerne einmal versteckt in ihren Waren oder unter der Theke, um kaufkräftige Kundschaft anzuziehen. Die etwas zarter Besaiteten stahlen nur Fingernägel, die denselben Effekt haben sollten. Beliebt waren auch die Schamhaare von Verbrechern, die den Männern zu größerer Potenz verhelfen sollten.

Im Jahr 1591 fand auf dem Platz im Zentrum Münchens die Enthauptung des italienischen Hochstaplers Marco Bragadino statt. Der geborene Zypriot, der eigentlich Marco Antonio Mamugná hieß, floh nach der Eroberung seiner Heimat durch die Türken nach Venedig, wo er von einem Betrüger in die Geheimnisse der Alchemie eingeweiht wurde. Vor allem lernte der junge Mann von dem alten Magier, wie man vortäuscht, Gold herstellen zu können. Als man ihn als Trickdieb entlarvte, musste er die Lagunenstadt verlassen, reiste durch halb Europa und ergaunerte sich weiter mit Schwindeleien Geld. Den Hof von Herzog Wilhelm V. von Bayern erreichte Bragadino im August 1590, wo er versicherte, durch Erzeugen üppiger Goldmengen die immensen Schulden des Herzogtums tilgen zu können. Zugleich bot er Wilhelm an, ihn mithilfe seiner Kräfte von den starken Kopfschmerzen zu befreien, die den gutgläubigen Regenten plagten.

Als der Hochstapler seine Versprechen nicht hielt, ließ man ihn ohne Wissen des Herzogs mitsamt seinem Gefolge im März 1591 verhaften. Nach Androhung der Folter gestand Bragadino, dass er nicht in der Lage war, Gold zu erzeugen und Menschen zu heilen. Wilhelm V., der zuvor seinen Hofalchemisten noch hatte schützen wollen, stimmte letztlich dem Todesurteil zu.

Die Enthauptung des Scharlatans am 26. April 1591 am Marienplatz geriet allerdings zum Desaster, weil es dem Henker erst beim dritten Schlag gelang, den Kopf vollständig vom Rumpf zu trennen. Angeblich stand der Scharfrichter zum Zeitpunkt der Vollstreckung unter dem Einfluss von Alkohol und berauschenden Kräutersäften. Der erste Axthieb traf die Schädeldecke Bragadinos, woraufhin sich ein Teil der Hirnmasse auf die nahestehenden Schaulustigen verteilte. Der zweite ging in die Schulter des zu diesem Zeitpunkt noch lebenden Mannes, erst der nachfolgende dritte Schlag durchtrennte die Halswirbelsäule.

Die Menge wollte den Freimann, wie Henker auch genannt wurden, daraufhin auf der Stelle lynchen. Doch dem Mann gelang gerade noch rechtzeitig die Flucht aus der Stadt.

Das entsetzliche Schauspiel, das sich dem Volk an diesem Tag geboten hatte, ging in die Stadtchronik ein. Dort hieß es unter anderem: *Der blutige Akt hatte mehrere Übelkeiten unter dem Civil wie unter dem Militär zu Folge.*

Anschließend wurden die Hinrichtungen aus dem Zentrum an den Stadtrand verbannt.

1638 ließ Kurfürst Maximilian I. in der Stadtmitte die Mariensäule erbauen, als Zeichen der Dankbarkeit dafür, dass München während der schwedischen Besatzung im Dreißigjährigen Krieg verschont worden war. Ab etwa 1700 hieß der Marktplatz auch Schrannenplatz, benannt nach den dort befindlichen Kornspeichern, die auch als Schrannen bezeichnet wurden.

Anfang des Jahres 1706 wurde der Marienplatz abermals mit Blut besudelt, und zwar mit dem zweier Leutnants, zweier Bürger und eines Gastwirts, die an der „Sendlinger Mordweihnacht“ beteiligt gewesen waren. Es handelte sich dabei um eine kriegerische Auseinandersetzung in der Nacht zum 25. Dezember 1705 in Sendling bei München, bei der bayerische Aufständische von österreichischen Truppen unter dem Oberbefehl des Habsburgerkaisers Joseph I. besiegt wurden. Die Soldaten töteten dabei rund 1100 Widersacher, die sich zuvor allerdings bereits ergeben hatten. Auf Seiten der Reichsarmee gab es nur etwa 40 Tote. Der Schlacht vorausgegangen waren eine Verschwörung und der Versuch der Rebellen, die Stadt München einzunehmen.

Hingerichtet wurden die Rädelsführer der Revolution: Die Leutnants Johann Clanze und Johann Georg Aberle wurden geköpft, ebenso wie die Münchner Bürger Johann Georg Kidler und Sebastian Senser, die man anschließend auch noch vierteilte. Zuletzt wurde auch noch der Gastwirt Johann Jäger, einer der Anführer in der Mordweihnacht, zum Tode durch Enthauptung verurteilt. Henkergehilfen sollen nach den Exekutionen drei Tage lang mit eimerweise Wasser das Blut vom Marienplatz geschwemmt haben.

König Max I. Joseph ließ im Jahr 1807 den Markt verlegen (heute Viktualienmarkt) und reagierte damit auf das zunehmende Chaos, das bereits 1797 in einem Bericht beanstandet wurde: Zu sehen war *ein so großes Gedräng an Wagen und Pferden, und vermischtes Gewühl von Menschen. Es kann manchmal wohl nicht anders ablaufen, als dass an diesen Schrannentagen große Unglücke entstehen müssen, und unbehülfliche Alte und die kleinere Jugend darf sich an diesen Tagen wohl in Acht nehmen, um nicht niedergefahren zu werden, und sich Arme und Beine entzwei rädern zu lassen.*

Ihren heutigen Namen „Marienplatz“ erhielt die Stadtmitte erst 1854, als man sich mit diesem Zeichen der Verehrung der Gottesmutter und zugleich der Schutzheiligen Bayerns vor der kurz zuvor ausgebrochenen Cholera-Epidemie schützen wollte.

Große architektonische Veränderungen brachten die Auflassung des im 15. Jahrhundert errichteten Alten Rathauses (Marienplatz 15) und der Bau des Neuen Rathauses (Marienplatz 8) ab 1868. An der Gestaltung der Stadt und auch des Marienplatzes kräftig mitgewirkt hat unter anderen Ludwig I., der Großvater des „Märchenkönigs" Ludwig II., der sich 1846 im Alter von 60 Jahren auf eine Affäre mit der irischen Tänzerin Lola Montez einließ. Das Revuegirl hatte zuvor bereits in ganz Europa etliche Männer von Rang und Adel in Skandale verwickelt. Auch in München war der Ruf von Lola Montez bald denkbar schlecht. Wegen ihres sündigen Lebens in der ganzen Stadt geächtet, wurde sie sogar häufig bespuckt, wenn sie Zigarre rauchend mit ihrer Dogge durch die Stadt stolzierte.

Und zuletzt brachte Lola Montez den bayerischen König sogar zu Fall – nachdem sie immer wieder Unruhe gestiftet hatte und Ludwig, dem man seine Beziehung zu der Femme fatale übelnahm, aufgrund der Proteste des aufgebrachten Volks schließlich abdankte. Die Tänzerin musste München verlassen, sie wurde von ihrem royalen Liebhaber großzügig ausbezahlt, reiste in die Schweiz und ließ sich dort mit einer Hochstaplerin ein. Zusammen schrieben die beiden Briefe an Ludwig und versuchten, Lolas ehemaligen Gönner zu erpressen, um weiterhin in Saus und Braus leben zu können. Der Wittelsbacher schickte kein Geld, aber sehnsuchtsvolle Liebesbriefe und wandte sich erst von ihr ab, als sie wegen Bigamie angeklagt wurde.

***

Bei der mitten in München am häufigsten wahrgenommenen Spukgestalt handelt es sich um eine paranormale Erscheinung der schillernden Persönlichkeit Lola Montez. Ihr emanzipiertes und häufig auch sehr provokantes Auftreten sorgte in Bayern für Furore. Die Irin mit den feinen Gesichtszügen, den blauen Augen und dem dunklen Haar schritt nur allzu oft hocherhobenen Hauptes mit einer dicken Havanna zwischen den rotgeschminkten Lippen über den Marienplatz und zog dabei alle Blicke auf sich. Nicht selten tanzten Kinder spottend und kichernd um die auffällige Erscheinung herum, die mit stoischer Miene und eisigem Blick keine Gefühlsregung erkennen ließ und ungeachtet der ihr zuteilwerdenden Aufmerksamkeit wortlos weiterging. Lolas Ignoranz der Attacken erzürnte die „rechtschaffenen Leute" natürlich erst recht – sie wollten erreichen, dass die stolze Frau den Rückzug antrat, und nicht sehen, dass alle Gemeinheiten dieser Welt einfach an ihr abprallten. Hin und wieder reagierte Lola allerdings doch auf die verbalen und körperlichen Angriffe und schleuderte hasserfüllte Worte auf die Betroffenen, während aus ihren hellen Augen regelrecht Funken sprühten. Ihre verletzenden Bemerkungen schlugen wie Blitze in der Menge ein und brachten den Boden fast zum Beben.

Eines Tages, so wurde es von einem Priester im Kirchenbuch festgehalten, belegte die schillernde Femme fatale – aus einer Situation heraus, die sie eines Tages so am Marienplatz vorfand – einige Frauen sogar mit einem Fluch: Sollten jemals drei weibliche Wesen, die erste blond, die nächste rot- und die letzte schwarzhaarig, mitten in München zusammenstehen, eine mit Hut, eine mit einer goldenen Schnalle an der Kleidung und eine mit braunen Schuhen, sollten alle innerhalb von 90 Tagen qualvoll sterben, ebenso ihre Ehemänner und Kinder. Es heißt, genau aus diesem Grund wären seit der Mitte des 19. Jahrhunderts in München bereits vier Familien ausgelöscht worden.

Aber auch das Blut der vielen Hinrichtungen, die es ab dem Mittelalter bis 1861 in München gab, ist tief in den Untergrund des Marienplatzes eingesickert und hat dort seine Spuren hinterlassen. In manchen Augenblicken ist das Leid der Delinquenten an diesem Ort allgegenwärtig, die Atmosphäre ist voller Qual, Sünde und Vergeltung und die Luft riecht nach Unrat, Angstschweiß und Erbrochenem. Sensible Menschen nehmen diese Flashbacks aus der Vergangenheit hin und wieder wahr, haben dabei das Gefühl, bis zu den Knöcheln in zäher, roter Flüssigkeit zu waten und die Schreie der zum Tode Verurteilten zu hören – darunter die Stimme von Marco Bragadino, der um sein Leben fleht. Dass auch der betrügerische Alchemist im Zentrum Münchens spukt, behauptet zumindest ein Medium, das regelmäßig Botschaften von dem italienischen Hochstapler aus dem Jenseits empfängt.

Darüber hinaus sind noch zwei weitere Spukphänomene bekannt: Es gibt einen hageren, blassen Geistermönch, der händeringend den Verlust der Kapelle beklagt, die zugunsten der Vergrößerung des Areals im Jahr 1481 abgerissen wurde.

Und wer beim Fischbrunnen vor dem Alten Rathaus nach links entlang der Fassade blickt, schaut direkt auf die Stube des Folterknechts, der hinter dem vergitterten Fenster einst sein Handwerk verrichtete. Aus dieser Ecke des Marienplatzes soll hin und wieder zu später Stunde ein verzweifeltes Schluchzen und gequältes Jammern zu hören sein, hin und wieder schallt auch ein lauter Schrei durch die dunkle Nacht. Es sind die Seelen der einst in der bayerischen Landeshauptstadt angeklagten Hexen, Räuber und Mörder, die auf der Streckbank, in der Eisernen Jungfrau oder beim Ziehen der Fingernägel ihre Untaten gestehen sollten und deren Stimmen aus der Vergangenheit bis in die Gegenwart hallen. Alle diese feinstofflichen Kreaturen, ob schuldig oder unschuldig, sind dazu verdammt, bis in alle Ewigkeit hinter dem Fenster zu spuken.

Weitere Spukplätze in München

Die Geistwesen der Residenz

Im 14. Jahrhundert wurde die „Neuveste“ gebaut, aus der sich im Laufe der Jahrhunderte und durch verschiedenste Herrscher die heutige Residenz als prunkvolles Stadtschloss entwickelte. Es handelte sich dabei um eine Fluchtburg für die damals in der Stadt residierenden Herzöge, für die der „Alte Hof“ nach den Aufständen der Münchner Bürgerschaft zu unsicher geworden war.

Die riesige Anlage hinter Marienplatz und Marienhof gliedert sich in drei Hauptkomplexe: den Königsbau, die Maximilianische Residenz und den Festsaalbau, und ist stilistisch eine Mischung aus Renaissance, Barock, Rokoko und Klassizismus. 130 Räume des Bauwerks, darunter auch die königliche Schatzkammer, Wohnkabinette, Veranstaltungssäle und Galerien, sind als Museum zugänglich. Besucher des prunkvollen Schlosses berichten von verschiedensten unerklärlichen akustischen wie optischen Phänomenen.

So soll beispielsweise im Nordwestflügel des Festsaalbaus in einigen Räumen ein Krächzen zu hören sein, das angeblich von den Papageien Ludwigs II. stammt, die er in einer großen Voliere auf dem Dach der Residenz hielt. Dort befand sich ein großer Wintergarten mit einem See, auf dem Schwäne schwammen, mit großen austauschbaren Panoramagemälden sowie tropischen Pflanzen und Tieren. Nach dem Tod des „Märchenkönigs“ wurde die Konstruktion auf Anweisung seines Nachfolgers Prinzregent Luitpold abgebaut, da der Boden undicht war und Wasser in die unter dem Wintergarten liegenden Gemächer der Dienerschaft tropfte.

Darüber hinaus spukt in der Anlage angeblich eine Weiße Frau, deren Existenz auf die Geschichte der Gräfin Agnes von

Orlamünde zurückgeht. Die Witwe verliebte sich Ende des 13. Jahrhunderts in Albrecht den Schönen von Nürnberg, der sie aber mit den Worten: „Dafür gibt es vier Augen zu viel auf der Welt!" verschmähte. Er meinte damit seine Eltern, die niemals in eine Hochzeit eingewilligt hätten. Die Gräfin jedoch dachte, er würde von ihren Kindern aus erster Ehe sprechen und ließ den dreijährigen Jungen und das zweijährige Mädchen durch einen Dienstmann ermorden.

Sie wurde daraufhin auf der Plassenburg, einer Höhenburg über der oberfränkischen Stadt Kulmbach, eingesperrt, wo sie auch verstarb und seither als Gespenst umhergeht. Teile ihres Schmucks gelangten über verschlungene Pfade in die Münchner Residenz, wo sich nun ebenfalls ihr Geist aufhält und Unglücksfälle ankündigt. In der Nacht des Todes von Ludwig II. sahen die Wachsoldaten im Schloss die Spukgestalt einer schwarz verschleierten Frau, wie sie später einstimmig schworen.

1969 erblickte Prinz Adalbert von Bayern die Gestalt, kurz darauf verstarb sein Sohn Konstantin bei einem Flugzeugabsturz. Beschrieben wird die Gräfin und Kindermörderin als bleiche Gestalt mit umherschweifendem Blick, die langsam durch die Räume oder über die Höfe der Anlage schleicht.

Einer anderen Quelle zufolge handelt es sich bei dem jenseitigen Wesen um Kurfürstin Maria Anna, die Anfang des 17. Jahrhunderts verstarb und nicht nur in der Münchner Residenz, sondern auch auf Schloss Nymphenburg im Westen der bayerischen Landeshauptstadt umgeht.

Ein Toter im Sendlinger Tor und gespenstische Geräusche

Das Sendlinger Tor ist eines der drei erhalten gebliebenen Stadttore der historischen Altstadt Münchens, es entstand im Zuge der zweiten Stadterweiterung durch Ludwig den Bayern im frühen 14. Jahrhundert. Im Jahr 1420 wurde es durch die beiden charakteristischen Flankentürme ergänzt. An diesem Bauwerk ist auch noch ein Rest der alten Stadtmauer zu erkennen.

Im Mittelalter war in München ab Einbruch der Dunkelheit absolute Ruhe geboten, die Bürger hatten in ihren Häusern zu bleiben und durften nach dem Schließen der Stadttore nur in bestimmten Ausnahmefällen auf der Straße unterwegs sein. Eines Nachts jedoch schlich sich ein Bürger mit gestohlenem Schlüssel zum Sendlinger Tor, um dieses für eine Diebesbande zu öffnen, die ihn an ihrer Beute beteiligen wollte. Der Münchner, bei dem es sich um einen wohlhabenden und raffgierigen Mann handelte, wurde jedoch von seinem Nachbarn gesehen, der sofort die Wachen verständigte. Die Räuber hat man gehenkt und den Verräter angeblich ins Sendlinger Tor eingemauert. Sein Wehklagen soll noch heute zu hören sein, wenn man das Ohr gegen den kalten Stein presst und eine Zeit lang an der Mauer lauscht.

Ebenfalls dort sind im Mittelalter Kleinkriminelle ausgepeitscht worden, und Henkersknechte haben Folterungen an Dieben durchgeführt, ihnen beispielsweise die Finger abgetrennt.

Im 19. Jahrhundert versammelten sich an der Stelle täglich frühmorgens die Schulschwänzer und Straßenjungen Münchens, die grüppchenweise durch die Stadt liefen und mit rührseligen Geschichten das eine oder andere Geldstück von Passanten erbettelten. Abends kehrten sie an den Treffpunkt zurück, um ihre Beute zu teilen. Eines dieser Kinder war der damals neunjährige Hans Winkler, der früh seine Eltern verloren hatte und bei seiner Großmutter aufwuchs. Die alte Dame kam gegen den kleinen Lausbuben nicht an, der die Schule mied wie der Teufel das Weihwasser und häufig mit den anderen Mädchen und Burschen umherzog.

An einem kalten Herbstabend, gerade als sich ein paar der heimatlosen Kinder einen Schlafplatz für die bevorstehende

Nacht suchen wollten, kam starker Nebel auf. Nachdem Hans sich zum Gehen gewandt hatte, brach plötzlich ein Einspänner mit aufgeregt wiehernden Pferden durch den feuchten Dunstschleier und raste auf das Sendlinger Tor zu. Bevor der Junge zur Seite springen konnte, drängten ihn die Tiere gegen die Mauer. Gleich darauf bogen die Gäule jäh ab und schleuderten das Fuhrwerk auf die schmale Gestalt, die dabei regelrecht zermalmt wurde und anschließend leblos zu Boden sank. Hans verstarb noch an Ort und Stelle, ohne das Bewusstsein wiedererlangt zu haben.

Bis heute ist bei dichtem Nebel an dieser Stelle das Klappern von Hufen und Holpern von Rädern auf Kopfsteinpflaster sowie ein lautes Krachen von splitterndem Holz zu hören. Und es erklingen von Zeit zu Zeit die verzweifelten Schreie des Kindes, das dort an einem kalten Herbstabend im 19. Jahrhundert ums Leben kam.

Fliehende Untote beim Rappeneck

Schräg gegenüber vom bekannten Ruffinihaus, an der Ecke Sendlinger Straße und Färbergraben, befindet sich an einem steinernen Rundbogen des Gebäudes Sendlinger Straße 4 das Relief eines Pferdes. Darunter ist eine Art Schild zu sehen, das den eingemeißelten Schriftzug „Rappeneck" trägt. Mit schwarzen Rössern hat dieser Ort jedoch keineswegs etwas zu tun, da sein ursprünglicher Name „Rabeneck" lautete. Dort befand sich im Mittelalter eine Hinrichtungsstätte, worauf der Rabe als Todesvogel hinweist, der in der Mythologie häufig auch als Botschafter des Bösen galt und mit Galgenplätzen in Verbindung steht.

In früheren Zeiten hingen die Exekutierten noch eine Zeit lang am Strick, bevor man sie herunterholte, weshalb diese Orte häufig von gefräßigen Raben umschwärmt waren. Die schwarzen Vögel pickten auf dem Körper herum, rissen zuerst die Augen aus den Höhlen, zupften danach das weiche Fleisch von Lippen, Wangen und Hals, bevor sie sich über die anderen Teile hermachten, ehe der Leichnam begraben wurde. Aus diesem Grund trugen Richtstätten häufig einen Namen, in dem das Wort „Rabe" enthalten war.

Neben dem Haus zum Rappeneck lag das Haus des Scharfrichters, dahinter stand der Galgen – also dort, wo sich jetzt die Hofstatt befindet. Bei Grabungen in der jüngeren Vergangenheit hat man alte Knochen gefunden, da die Gehenkten üblicherweise gleich vor Ort unter die Erde gebracht wurden.

Mitarbeiter umliegender Geschäftslokale berichten von seltsamen Wesen, die alle paar Monate in Erscheinung treten: Durchscheinende Gestalten streben mit nach vorne gebeugten Oberkörpern und aufgerissenen Mündern vom Rappeneck weg, ohne dabei vom Fleck zu kommen, bis sie nach einigen Sekunden zu Staub zerfallen.

Der Spuk beim „Alten Peter"

Bei der Kirche St. Peter handelt es sich um die älteste Pfarrkirche der Stadt, die erstmals zu Beginn des 13. Jahrhunderts in einer Urkunde erwähnt wurde. Im Untergeschoss des Nordturms hängt hinter einem vergitterten Fenster die Arme-Sünder-Glocke aus dem 14. Jahrhundert, die bei Hinrichtungen auf dem Marienplatz geläutet wurde. Anscheinend als Erinnerung an die Angst und Verzweiflung der Delinquenten auf ihrem letzten Gang durch die Straßen der bayerischen Landeshauptstadt soll hin und wieder ihr Läuten zu hören sein, obwohl die Glocke sich dabei keinen Millimeter bewegt.

Ein anderes Phänomen ist das sogenannte Pestgespenst vom „Alten Peter", zu dem folgende Geschichte existiert: Eines Abends war im Jahr 1349 eine Magd auf dem Weg zum Haus ihrer Herrschaft in der Kaufinger Straße. Da es schon finster wurde, nahm sie die Abkürzung über den Friedhof bei der Pfarrkirche St. Peter und erblickte dabei im Schein ihrer Laterne eine schwarze, in alte, löchrige Lumpen gehüllte Gestalt, die auf einem Grab saß. Die Magd lief schreiend davon, doch als sie bei ihren Arbeitgebern ankam, wartete der Mann schon auf sie. Mit düsterer Stimme sagte er: „Ich bin der schwarze Tod!“ Kurz darauf starben das Mädchen sowie die Bewohner des Hauses an der Pest, die sich daraufhin in der ganzen Stadt ausbreitete. Es heißt, dass die schwarze, düstere Gestalt noch heute manchmal in der Nähe vom „Alten Peter“ auftaucht und den Menschen, die sie wahrnehmen, den Tod prophezeit.

Während einer Messe in der Pfarrkirche soll im 15. Jahrhundert München von der ersten Hexe heimgesucht worden sein. Bei der heiligen Kommunion ließ ein altes Weib die Hostie heimlich in ihren Ärmel gleiten, um aus dem Leib Christi eine Zaubersalbe herzustellen. Als der Priester den sündigen Diebstahl entdeckte, veranlasste er die Verfolgung der fliehenden Frau bis zum Salvatorplatz, wo sie überwältigt und an Ort und Stelle totgeprügelt wurde. Dabei fiel die Hostie zu Boden, was als frevelhaft galt, weshalb man an dieser Stelle als Wiedergutmachung kurz darauf die Salvatorkirche errichtete. Sowohl vor dem Eingang dieses Gotteshauses wie auch rund um den Alten Peter soll die räuberische Hexe spuken, die damals so grausam ermordet wurde.

Das Grauen der zwei Türme

Dort, wo heute die Falkenturmstraße auf die Maximilianstraße trifft, befand sich in früheren Zeiten der Falkenturm, der ab dem 16. Jahrhundert als Gefängnis diente und erst 1863 abgerissen wurde. In den alten Mauern, damals als „Hexenturm“ bezeichnet, soll im Jahr 1701 die zum Tode verurteilte 17-jährige Wachmeisterstochter Theresia Kaiser gefangen gehalten worden sein. Weil sie den Avancen ihres Arbeitgebers, einem hohen Beamten und angesehenen Bürger, nicht hatte nachgeben wollen, bezeichnete er sie als Teufelsweib, das mit dem Bösen im Bunde stehe. Kurz darauf wurde sie verhaftet.

Am Morgen ihrer Hinrichtung fand man die junge Frau im Gefängnis besinnungslos auf dem Boden liegend vor. Als sie trotz mehrerer Ohrfeigen nicht zu sich kam, tauchte der Kerkermeister ihren Kopf so lange in kaltes Wasser, bis sie wieder zu Bewusstsein kam und keuchend nach Luft schnappte. Gleich darauf führte ihr Peiniger sie zum Schafott vor dem Neuhauser Tor und übergab sie dem Henker. Der schlug ihr mit dem Schwert den Kopf ab und verbrannte anschließend ihren Körper auf einem Scheiterhaufen.

In der Nacht darauf erschien Theresia einem Wachposten beim Falkenturm in dem Armesünderhemd, das sie bei ihrem Tod getragen hatte. Der Mann geriet in Panik, lief schreiend davon und soll kurz darauf den Verstand verloren haben.

An der Stelle, an der das Gemäuer einst stand, ist Theresia Kaiser angeblich noch heute häufig zu sehen. Sie erscheint in Form einer durchscheinenden Frauengestalt, die barfuß und mit langem, wehendem Haar und mit vor das Gesicht geschlagenen Händen reglos dasteht, bevor sie sich umdreht und spurlos im Nichts verschwindet.

Aber auch bei den Resten des Jungfernturms, der als Teil der Münchner Stadtbefestigung 1493 als Wehrturm errichtet und 1804 abgerissen wurde, spukt es. Auch dieses Mauerwerk diente im 15. Jahrhundert als Gefängnis und es heißt, dass keine dort inhaftierte Person die Mauern je lebend verließ. Dem Turm seinen Namen gegeben hat vermutlich die „Eiserne Jungfrau", eine mit Eisenspitzen oder Messern gespickte Kiste, mit der im Mittelalter Folterungen vorgenommen wurden.

In dem Gemäuer kamen aber auch noch Jahrhunderte später zahlreiche Menschen ums Leben. Um 1720 existierte in München ein Geheimbund, der Gericht hielt und am Gesetz vorbei die Exekution bestimmter Mitbürger beschloss. Die betreffenden Personen wurden nachts von Männern in schwarzen Kutten aus ihren Betten und Häusern gezerrt, in einer schwarzen Kutsche zum Jungfernturm gebracht und in die Eiserne Jungfrau geworfen. Es handelte sich in der Zeit kurz vor der Französischen Revolution vorwiegend um politische Querdenker, die im Folterkeller des Bauwerks langsam und qualvoll starben. Mitte des 18. Jahrhunderts wurde an der Stelle, an der sich einst der Jungfernturm befand, eine Falltür im Boden entdeckt. Sie führte in ein Verlies, in dem angeblich zwei vermoderte Leichen lagen.

Heute sind die spätgotischen Reste des mittelalterlichen Gefängnisses an der stadtseitigen Rohziegelwand in der Stadtmauer zu erkennen. Und genau dort sollen nachts noch heute die Schreie der unschuldig Ermordeten zu hören sein. Zudem schwört eine ältere Dame, die regelmäßig die Grünanlage am nahe gelegenen Maximiliansplatz durchquert, beim dort befindlichen Friedrich-Schiller-Denkmal immer wieder tote Menschen zu sehen. Sie beschreibt die Gestalten als helle Erscheinungen, „die sich dort aufhalten und herumspazieren, wie wir Lebenden auch, nur dass sie eben nicht von dieser Welt sind."

Schloss Berg
(Gemeinde Berg)

Der königliche Wassergeist

Der sehr schlicht anmutende quadratische Bau am Ostufer des Starnberger Sees, der einst von fünf Türmen umgeben war, entstand gegen Ende des 17. Jahrhunderts. Er erlebte seine Glanzzeit im 17. und 18. Jahrhundert während der Herrschaft des Wittelsbachers Maximilian II. Emanuel, dem erfolgreichen Feldherren im Großen Türkenkrieg, und dessen Sohn Karl VII., der im Österreichischen Erbfolgekrieg Maria Theresia bekämpfte.

Es fanden prunkvolle Feste in den Räumlichkeiten des repräsentativen Jagdschlosses statt, bei denen Kurfürsten und Herzöge feudal Hof hielten. Im Tanzsaal spielten namhafte Orchester, während alles, was Rang und Namen hatte, über das Parkett schwebte. Die Männer trugen Uniform und blankpolierte Stiefel, die Frauen bauschige Ballkleider und Schuhe mit breiten Schnallen. Jene jungen adeligen Damen, die sich gerade vom ausgelassenen Herumwirbeln erholten, tauschten hinter vorgehaltenen Fächern Neuigkeiten aus und warfen dabei den Kavalieren sehnsüchtige Blicke zu. Die Luft, angereichert vom Duft teurer Parfums, Zigarrenqualm und dem Geruch edler Speisen, vibrierte vor Gläserklirren, Stimmengewirr und den Klängen der Musikinstrumente.

Schloss Berg hieß jeden, der zur feinen Gesellschaft zählte und als Freund der Wittelsbacher bezeichnet werden konnte, herzlich willkommen. Auch Napoleon Bonaparte genoss die Gastfreundschaft des Hauses am See, als er im Jahr 1807 das Schloss besuchte – für ihn hatte der erste König Bayerns,

Maximilian I. Joseph, den großartigen Park hinter dem Gebäude anlegen lassen.

Das Majestätskolorit blieb Schloss Berg auch unter König Maximilian II. erhalten, der es in den Jahren 1849 bis 1851 umfangreich ausbauen ließ. Zu jener Zeit entstanden vier Türme und Zinnen im neugotischen Stil sowie ein eigener Seehafen.

Sein Sohn Ludwig II., der im Prunkschloss Hohenschwangau aufgewachsen war, wählte nach seiner Krönung im Jahr 1864 den Bau in Berg als Sommerresidenz. Er bezog ihn jedes Jahr genau am 11. Mai, um bis in den Herbst hinein von dort aus seine Regierungsgeschäfte zu führen. Schon bald jedoch verbrachte er mehr und mehr Zeit in der Residenz am Starnberger See und veranstaltete dort Empfänge für Freunde und Bekannte. Sein liebster Gast in jener unbeschwerten Zeit war Richard Wagner, den er sehr bewunderte und mit einem Jahresgehalt von 4000 Gulden finanziell unterstützte. Zuvor hatte er in halb Europa nach dem an Amnesie leidenden Komponisten fahnden lassen mit den Worten: „Führt ihn mir eilends zu, mein halbes Reich ist er mir wert."

Als der Musiker jedoch recht unverfroren damit begann, seinem Gönner noch mehr Geld herauszulocken, ließen Ludwigs Minister Richard Wagner eilends vom Hof entfernen, worüber der junge König sehr unglücklich war. Er taufte den Raddampfer seines Vaters in Erinnerung an seinen Freund, den er weiterhin finanziell unterstützte, wehmütig auf den Namen „Tristan". Zudem ließ er einen fünften Turm an das Schloss Berg bauen, den er „Isolde" nannte.

Im Jahr 1865 kaufte der romantische Wittelsbacher mit dem verträumten Blick um 25.000 Gulden eine Roseninsel, die 170 Meter vom Westufer des Starnberger Sees entfernt in der Feldafinger Bucht liegt. Ludwig nutzte sein märchenhaftes Inselparadies als privaten Rückzugsort, um inmitten der duftenden Blumen zu speisen oder im Schatten der Bäume in einem Gedichtband zu lesen. Im Juni 1866 versteckte er sich dort, als

Bayern drohte, an der Seite Österreichs in den deutsch-deutschen Krieg hineingezogen zu werden. Der von seiner Kindheit an wenig militärisch gesinnte Monarch schickte seinen Großonkel Karl ins Feld und erklärte lapidar, gegen Waffen und ihre Geräusche allergisch zu sein.

Während die preußischen Truppen durch Holstein marschierten, vertrieb sich Ludwig im Rosengarten seine Zeit mit zwei Freunden, trank, völlerte und rezitierte aus Werken Richard Wagners. Das blieb zwar ohne Folgen, wurde im Volk jedoch heftig kritisiert. Im Winter desselben Jahres unternahm Ludwig die einzige Reise durch sein Königreich, um plakativ Interesse zu zeigen und damit die aufgebrachten Gemüter zu besänftigen. Zu jener Zeit entstand das Gerücht, der feinsinnige und sensible Monarch sei Männern mehr zugetan als Frauen. Angeblich sandte der Wittelsbacher einige seiner Diener als Boten in ganz Europa aus mit dem Auftrag, schöne junge Männer zu fotografieren, um sich später an den Bildern zu erfreuen.

1867 verlobte sich der König aus einer romantischen Laune heraus, aber auch weil immer mehr getratscht und in Bezug auf seine „Männlichkeit" spekuliert wurde, mit seiner Cousine. Es handelte sich dabei um die Schwester der von ihm verehrten Sisi, die längst verheiratet war und in Wien lebte, während Sophie immer noch auf der anderen Seite des Starnberger Sees im Schloss Possenhofen wohnte. Doch auch damit war das Volk nicht zufrieden. Es mokierte sich darüber, wie der schöne König mit seinem Gardemaß von 1,93 Metern, stets in schmucker Uniform und mit einem Hermelinumhang um die Schultern, die Brust voller Orden, das Haar stets sorgfältig onduliert, Interesse an einer derart mittelmäßig aussehenden Frau zeigen konnte.

Nachdem der dann unschlüssig gewordene Wittelsbacher den Termin für die Trauung mit seiner Cousine zwei Mal verschoben hatte, fiel diese im Oktober 1867 endgültig ins Wasser – Sophie dürfte darüber nicht besonders traurig gewesen sein, da sie längst in einen anderen Mann verliebt war. Und Ludwig

schrieb erleichtert in sein Tagebuch: *Gott sei gedankt, nicht ging das Entsetzliche in Erfüllung!*
Im Laufe der Jahre verschönerte der König seinen Herrschersitz in Berg immer weiter, ließ beispielsweise im als englischer Garten angelegten Park einen maurischen Kiosk aufstellen und eine kleine Kapelle erbauen. Die Innenräume des Schlosses stattete er mit den modernsten technischen Errungenschaften seiner Zeit aus, beispielsweise mit einer Zentralheizung und einer elektrischen Rufanlage für die Kommunikation mit seinen Bediensteten. Es gab außerdem ein „Tischleindeckdich", einen in den Boden versenkbaren Speisetisch, der unten in der Küche gedeckt und dann nach oben zum König gefahren wurde.

Ab 1870 wurde Ludwig zunehmend „seltsamer", wollte beispielsweise einen Geheimbund ins Leben rufen – ein Vorhaben, das an dem empörten Einspruch seiner Minister scheiterte. Anschließend schickte er einen Völkerkundler auf Weltreise, um nach Territorien für eine autonome Herrschaft zu suchen, was ebenfalls misslang.

Seine letzte erwähnenswerte Amtshandlung war die Unterzeichnung des Kaiserbriefs, der nach dem Deutsch-Französischen-Krieg 1870 von Otto von Bismarck aufgesetzt worden war und Preußenkönig Wilhelm I. die Ernennung zum Kaiser antrug. Das bedeutete den Verlust der Souveränität des Landes Bayern, das ins Deutsche Reich eingegliedert wurde. Diese Entscheidung ließ sich Ludwig angeblich teuer bezahlen – die Rede war von vier Millionen Talern. Kritiker des Wittelsbachers, der das Dokument in Trauerkleidung unterschrieben hatte, warfen ihm daraufhin politisches Versagen, einige sogar Verrat vor.

Nach ein paar Jahren, die ohne weitere Höhen und Tiefen vergingen, zog sich der Monarch aus der Öffentlichkeit zurück. Seine Fahrt zur Generalprobe der Bayreuther Festspiele im Jahr 1876 stellte seinen letzten Auftritt dar, danach hielt er sich fast nur noch in seinen Privatgemächern und Gärten auf und kam auch wieder häufiger nach Berg.

Elisabeth von Österreich reiste in jener Zeit, so wie auch schon einige Jahre zuvor, im Sommer regelmäßig nach Possenhofen, um ihre Verwandten zu besuchen. Sie logierte während ihrer Aufenthalte mit Hofstaat im Hotel „Strauch" in Feldafing, heute das Haus „Kaiserin Elisabeth", und unternahm fast täglich Ausflüge auf die Roseninsel. Sie liebte es, inmitten der bunten, duftenden Blüten auf einer Bank zu sitzen und zu träumen, fernab der strengen Etikette am Wiener Hof. Zwischen ihr und ihrem Cousin hatte sich im Laufe der Jahre eine große Nähe und innige Verbindung entwickelt, die Anlass zu mancherlei Spekulation gab.

Ab 1878 investierte Ludwig viel Zeit und Energie in diverse Bauprojekte und die Besichtigung seiner „architektonischen Meisterwerke". So entstand beispielsweise der barocke Palast Herrenchiemsee, bei dem er seine Vorliebe für französische Architektur auslebte und dort residierte, als befände er sich im Schloss Versailles. Viele Stunden verbrachte er zudem in seinem halbfertigen Rokokoschloss Linderhof im Ettal, mit dessen Errichtung bereits im Jahr 1870 nach seinen Plänen begonnen worden war. Dort ließ sich der König in der „Blauen Grotte" in einem Muschelkahn über den künstlichen See rudern, vorbei an einem plätschernden Wasserfall, während eine Wellenmaschine das Boot zum Schaukeln brachte. Zugleich tauchte ein Regenbogen-Projektions-Apparat die bemalten Wände in einer minutiös geplanten Inszenierung in farbiges Licht – die perfekte Illusion, ganz so, wie es dem „Märchenkönig" gefiel.

Ab 1881 wohnte der Wittelsbacher auch häufiger in seinem einsamen Königshaus am Schachen auf rund 1860 Metern Höhe im Wettersteingebirge – sehr zum Leidwesen seiner Minister, die für Unterschriften zu ihm hinaufklettern mussten. Genervt beschwerten sie sich, dass ihr Regent sich „nur noch auf den höchsten Feldzacken aufhielt". Dort gab es im ersten Stock einen im orientalischen Stil gehaltenen türkischen Saal wie aus 1001 Nacht. Auch hier schuf sich der König eine Illusion: Die Lakaien mussten sich mit Turbanen und Ohrringen verkleiden, sollten in seiner Gegenwart auf Teppichen und Kissen liegen und Wasserpfeife rauchen und durften ihn keinesfalls mit bayerischem Dialekt ansprechen.

In seiner royalen „Berghütte“ brütete der Monarch nicht selten die ganze Nacht bis in die frühen Morgenstunden über neuen Bauplänen. Schon bald nannte man ihn deshalb nicht mehr „Märchenkönig“, sondern „Mondkönig“, was allerdings auch an seinem mittlerweile runden, teigig-weißen Gesicht liegen mochte.

Längst lebte Ludwig sehr ungesund, aß zu viele Süßigkeiten, trank Unmengen Cognac und verlor alle Zähne. In dieser Zeit begannen sich seine Untertanen, die sich aufgrund seines häufigen Rückzugs in die Isolation von ihm gemieden fühlten, immer häufiger über ihn lustig zu machen. Mit dem Decknamen „Herr Huber“ versehen, zerrissen sich die bayerischen Bürger das Maul über ihren König, lachten über seinen weit ausladenden Schritt, bei dem er ein Bein schwungvoll nach vorn warf und mit Nachdruck die Fußspitze aufsetzte. Ludwig glaubte, diese Gangart wirke majestätisch, sein Umfeld fand sie eher lächerlich.

Im Jahr 1885 drohte Ludwig die erste Pfändung, da er sich mit Schloss Neuschwanstein, an dem er bereits seit 1869 baute, finanziell übernommen hatte. Zu diesem Zeitpunkt gab es auch bereits ein neues Projekt, das jedoch nie verwirklicht werden sollte: ein Nachbau des kaiserlichen Winterpalastes von Peking.

Als dem König ein neuer Kredit verweigert wurde, drohte er in einem Brief: *Sage ihm, dass die Bauten mir die Hauptlebensfreude sind, dass ich, seit alles schändlich stockt, ganz unglücklich bin, an Abdanken, Selbsttötung stets denke ... Mein Lebensglück hängt davon ab.*

Kurz darauf wurde von ihm in einem Bericht des Gesamtstaatsministeriums „ernsteste und unverbrüchlichste Sparsamkeit“ verlangt.

Als der König weiter hektisch, aber erfolglos verschiedenste Geldquellen anzuzapfen versuchte, angeblich sogar erwog, Banken zu überfallen und bei Rothschild in Paris einzubrechen, wurde seine Entmündigung durch die Regierung eingeleitet und kurz darauf vollzogen. Ausschlaggebend dabei waren die Gutachten einiger „Irrenärzte“ wie Bernhard von Gudden und Friedrich Wilhelm Hagen, die den Patienten allerdings ohne persönliche Untersuchung in einer Zeugenaussage vor Gericht für „seelengestört“ und „unheilbar geisteskrank“ erklärten.

In ihre Expertise bezogen sie Aussagen des Personals mit ein, das sich etwa über die „ekelerregende Art des Speisens Seiner Majestät“ mokierte oder einige andere Seltsamkeiten zu berichten wusste: So soll sich der Monarch beispielsweise „bei einigen Graden Kälte und bei Schneegestöber im Freien ans Meergestade versetzt und von heißen Sonnenstrahlen beschienen geglaubt haben“. Kammerlakai Lorenz Mayr erzählte, die Diener hätten zeitweise auf allen vieren kriechen und vor dem Eintritt ins königliche Gemach an der Türe kratzen müssen. Zudem hörte der König angeblich Stimmen, stopfte sich mit Schlafmitteln voll, machte Verrenkungen vor dem Spiegel oder auch hin und wieder in die Hose. Ob das alles freilich stimmte, muss angezweifelt werden. Der langjährige Leibarzt des Königs, Max Joseph Schleiß von Löwenfeld, wurde nicht befragt.

Einige Tage später, am 12. Juni 1886 erschien auf Neuschwanstein, wo sich der Herrscher zu jenem Zeitpunkt befand, eine Kommission, um ihn zu verhaften. Er verhielt sich trotz einiger Hilfsangebote von befreundeten Regierungsgrößen und seines Wachpersonals völlig passiv und ließ sich widerstandslos in sein Schloss Berg am Starnberger See bringen. Während der Zwangsüberstellung soll er gesagt haben: „Diese Schmach überlebe ich nicht.“

Kurz zuvor hatte er einen Aufruf an das bayerische Volk verfasst und es dazu aufgefordert, „an der Vereitelung des geplanten Verrats an König und Vaterland mitzuhelfen“. Dieser

Aufruf kam jedoch zu spät, die Regierungsverantwortung ging ohne großes Aufheben auf den Onkel des entmachteten Monarchen über, da Ludwigs jüngerer Bruder Otto wegen einer Geisteskrankheit regierungsunfähig war.

Der Bevölkerung wurde nach der Ankunft Ludwigs verboten, sich nach Einbruch der Dunkelheit auf die Straße zu begeben. Die Leute begannen zu vermuten, dass der König ermordet und nachts weggeschafft werden sollte.

Einen Tag später unternahmen Ludwig und sein Psychiater Dr. Bernhard von Gudden gegen 18.30 Uhr einen Spaziergang im Park, zu dem der Arzt seinen Patienten überredet hatte. Als die beiden Männer nicht zum Souper um 20 Uhr erschienen, obwohl es draußen mittlerweile stark regnete, begann man sich im Schloss Sorgen zu machen und verständigte kurz darauf die Polizei. Die Gendarmen rückten mit Lampen und Fackeln aus und fanden gegen 22 Uhr Überrock und Leibrock des Wittelsbachers sowie seinen Schirm und Hut im See treibend.

Um 22.30 Uhr wurde ein Telegramm von Berg nach München geschickt: *Seine Majestät um ½ 7 mit Medizinalrat Dr. von Gudden im Park spazieren gegangen und bis zur Stunde nicht zurück. … Bitte um weitere Befehle.*

Gegen 23.10 Uhr entdeckte die Suchmannschaft Ludwigs leblosen Körper etwa 25 Schritte vom Ufer entfernt im seichten Wasser und hievten ihn mit Flößerhaken wie einen nassen Sack ins Boot. Kurz darauf entdeckten sie in der Nähe auch den toten von Gudden im See. Trittspuren im lehmigen Grund des Gewässers weisen auf ein Gerangel zweier Personen hin. Die später gefundene Taschenuhr des entmündigten Königs war aufgrund eindringender Nässe um 18.55 Uhr stehen geblieben, die des 62-jährigen Arztes, die ebenfalls geborgen werden konnte, um 20.06 Uhr.

Nach lang andauernden Wiederbelebungsversuchen an beiden Personen stellte der herbeigeeilte Dr. Franz Carl Müller amtlich den Tod fest.

Was an jenem lauen Juniabend in Berg geschah, ist bis heute unklar. Eine Theorie und zugleich die offizielle Version lautet, der Psychiater hätte seinen Patienten am Suizid hindern wollen und wäre dabei selbst ertrunken. Doch warum blieb dann seine Uhr mehr als eine Stunde später als die von Ludwig stehen?

Wie jedes Jahr weilte Kaiserin Elisabeth auch im Sommer 1886 in Feldafing. Gerüchten zufolge existierte ein Plan, der die Flucht des Wittelsbachers mit ihrer Hilfe vorsah und der wegen von Guddens Eingreifen misslang. Diese These wurde untermauert von Wagenspuren vor dem Tor von Schloss Berg, die von der Polizei keinem bekannten Fahrzeug zugeordnet werden konnten.

Sisi reagierte bestürzt, als sie vom Ableben ihres Verwandten und Seelenfreundes erfuhr und schickte Jasmin und Rosen – zur Erinnerung an die gemeinsamen Stunden im Inselparadies. Später befahl sie die Aushändigung einer Totenmaske ihres Cousins und des Abdrucks seiner linken Hand an sie.

Der 120 Kilo schwere Leichnam des verträumten und manchmal ein wenig weltentrückt wirkenden „Märchenkönigs" wurde in seiner Sommerresidenz am Starnberger See ausgesegnet und kurz darauf in die bayerische Hauptstadt transportiert. Das Ergebnis der anschließend durchgeführten Autopsie gelangte nur teilweise an die Öffentlichkeit, jedenfalls waren laut Protokoll *nirgends Verletzungen an der Körperoberfläche, insbesondere keine Abschürfungen der Oberhaut am Halse oder Gesichte wahrnehmbar.* Der Mann mit den *kolossalen Dimensionen* soll auch nicht ertrunken, sondern im kalten Wasser einem Herzschlag erlegen sein. Besondere Merkmale der Leiche: *äußerst kräftige Musculatur, Oberkiefer fast zahnlos, äußere Genitalien wohl gebildet.*

Von Guddens Leichnam wies Kratzer, Schürfwunden, einen blauen Fleck auf der Stirn und Strangulationsspuren am Hals auf.

Das „Neue Wiener Tagblatt“ schrieb in ihrer Ausgabe vom 15. Juni 1886: *Der Kranke und der Arzt, der König und der Forscher, der gelehrte Fürst und der Fürst der Gelehrsamkeit, sie sind zusammen aus dieser Welt des Wähnens und Wissens hinausgeschritten.*

Im Nachhinein wurde bekannt, dass der desillusionierte Regent schon Tage vor dem Unglück mehrfach nach Gift verlangt und von seinem Förster sogar die Fallhöhe der Pöllatschlucht bei Neuschwanstein ausmessen lassen hatte, um zu wissen, wie hoch er bei einem Sturz fallen würde.

Ludwig fand seine letzte Ruhe in der Gruft der Münchner Michaelskirche, der Grablege des Hauses Wittelsbach, sein Herz ruht getrennt vom Körper in der Gnadenkapelle von Altötting. An die Tragödie in Berg erinnern eine Votivkapelle und davor ein Holzkreuz im flachen Uferwasser des Starnberger Sees.

Moderne Psychologen sind der Meinung, dass der Monarch zwar latent psychisch gestört war, worauf sein oft gekünsteltes Verhalten, seine mangelnde soziale Kompetenz sowie seine Bausucht hindeuten, aber keineswegs Anzeichen einer Geisteskrankheit zeigte. Einiger seiner, in jener Zeit geäußerten – zugegebenermaßen bizarren und auf die Regierung sicher besorgniserregend wirkenden – Ideen würde heute vermutlich mit „fortschreitender Exzentrizität“ erklärt werden.

Der dramatische Tod des Königs erweckte auch beim Volk, das ihn zuvor verlacht hatte, Mitleid. Tausende Postkarten mit dem Abbild eines hochgewachsenen, schönen jungen Mannes, der womöglich einem Mordkomplott, zumindest aber einer Intrige zum Opfer gefallen war, kamen in Umlauf – und die Erinnerung an den aufgedunsenen Monarchen, der Bayern an die Preußen verkauft hatte, verblasste zusehends.

In Ludwigs ehemaliger Sommerresidenz in Berg quartierte sich im Zweiten Weltkrieg das amerikanische Militär ein. Kurz vor ihrem Auszug drehten die Besatzungssoldaten im zweiten Stock alle Wasserhähne auf, um das Gebäude zu fluten – es hätte also beinahe ein ähnliches Schicksal erlitten wie sein ehemaliger Schlossherr.

Der Bau ist gegenwärtig immer noch im Besitz der Wittelsbacher und nicht zu besichtigen. Durch die Umgestaltung im Zuge der aufwändigen Renovierung inklusive Entfernung der Ecktürme nahm er seine ursprüngliche Form an und sieht heute wieder aus wie der kleine bayerische Landsitz aus dem 17. Jahrhundert. An Ludwig II., der als der „Kini" schlechthin und Inbegriff der „guten alten Zeit" gilt, erinnert die von ihm errichtete und unverändert gebliebene Kapelle im Park.

***

Und über dem alten Schloss, in dem Ludwig seine sonnigsten sowie seine düstersten Stunden verlebte, wo sich die Anfänge seiner Regentschaft mit dessen Ende und seinem Tod berührten, schwebt bis heute der Geist des „Märchenkönigs".

„Er war der schönste Jüngling, den ich je gesehen habe", schwärmte einst ein österreichischer Diplomat über den jungen Regenten, der an einem bestimmten Punkt in seinem Leben offenbar seine politische Karriere an den Nagel hängen wollte, um nur noch als feinsinniger Schöngeist leben zu können. „Seine hohe, schlanke Gestalt", berichtete der Regierungsbeauftragte weiter, „war vollkommen symmetrisch ... kein Mensch, alt oder jung, reich oder arm, konnte von dem Zauber unberührt bleiben, der von seinem Wesen ausging."

Es heißt, ein Teil der Seele des sensiblen Wittelsbachers habe sich etwa um 1885 abgespalten, nachdem die ersten dunklen Wolken am Himmel über ihm aufgezogen waren und seinen Geist verdunkelt hatten – wie man zumindest an oberster Stelle behauptete und auch das bayerische Volk glauben machen wollte. Diese tiefe Kränkung, die damit dem verträumten „Märchenkönig" zugefügt wurde, hat offenbar eine Störung im Raum-Zeit-Kontinuum verursacht und die Gesetze der

Linearität ausgehebelt. Denn Ludwigs Geschichte versank nicht in der Vergangenheit, so wie einst sein Körper im Starnberger See; der Ablauf der Ereignisse in Berg ist immer noch allgegenwärtig.

Hellsichtige Menschen berichten von einer Art Dauerschleife, die den König in den letzten Momenten vor seinem Tod zeigt, „als würde ein Stummfilm in Schwarz-Weiß ablaufen, mit den typisch eckigen Bewegungen der Darsteller, wie man sie von diesen alten Streifen kennt." Allerdings werden die Bilder undeutlich, sobald der Gewässerrand auftaucht, als würde sich ein dunkler Nebel oder Qualm über das Geschehen legen. Man erkennt laut Augenzeugen die Gestalten, die miteinander kämpfen, nur noch schemenhaft, bevor sie langsam im dunklen Blau des Sees verschwinden.

Neben diesem paranormalen Phänomen existiert noch ein zweites, bei dem der unter so tragischen Umständen ums Leben gekommene Wittelsbacher als Wassergeist zu sehen ist – und zwar an der Stelle, an der das große Kreuz im Starnberger See den Fundort seiner Leiche markiert. Er wird als etwa drei Meter großes Wesen wahrgenommen, das aus einer transparenten, sich wellenartig bewegenden Flüssigkeit zu bestehen scheint. Es zerfließt, sobald man sich ihm nähert – so wird es jedenfalls erzählt.

Und auch auf der Roseninsel des Wittelsbachers, die von Besuchern besichtigt werden kann, soll seine unsterbliche Seele präsent sein. Es existieren Aussagen zu einer übersinnlichen Erscheinung in Form eines etwa handtellergroßen flackernden Lichts, das wie ein Insekt von einer bunten Blume zu anderen fliegt und sich zeitweise spiralförmig in die Luft schraubt – als würde es vor Freude über den Duft der bunten Blüten rotieren. Kurz darauf zerspringt es in funkelnde Leuchtpunkte, die zu Boden fallen und verschwinden.

„Ein ewig Rätsel will ich bleiben mir und anderen!", sagte Ludwigs II. 1876 zu einer unbekannten Schauspielerin. Und das hat der „Märchenkönig", der unter so mysteriösen Umständen den Tod fand und noch lange Zeit darüber hinaus bei seiner Sommerresidenz in Berg spukt, letztlich auch geschafft.

Doch im Schloss gehen noch mehr Geister um, raunt man in dem kleinen Ort in Oberbayern. Hinweise darauf finden sich im „Neuen Wiener Tagblatt", das den Schauplatz der Katastrophe rund um König Ludwig in ihrer Ausgabe vom 15. Juni 1886 wie folgt beschrieb: *Nur eine kleine Bahnreise von kaum Stundenfrist trennt die Hauptstadt des Bayernlandes von dem Starnberger See, in dessen smaragdgrünen Fluthen der unglückliche Wittelsbacher Fürst sein tragisches Ende gefunden. Sanfte Berge umgürten mit ihren waldigen Hängen die Spiegelfläche des Sees. Saftgrüne, blumendurchstickte Matten kontrastiren mit dem Tiefdunkel der Tannen. Von manchen glanzvollen Tagen, aber auch von manchem düsteren Ereigniß, dessen Mysterium noch heute nicht gelüftet ist, wissen diese alten Quadern zu erzählen.*

Beispielsweise existiert die Sage, *daß gegen Ende der Siebzigerjahre des siebzehnten Jahrhunderts die schöne Favoritin des bayerischen Kurfürsten Ferdinand hier ihren Tod gefunden …*

Es heißt, der Herrscher habe die schöne Fatima als Beute aus den Türkenkriegen mitgebracht und sie im Schloss vor seiner Gemahlin versteckt. Diese wusste von dem Betrug, schwieg jedoch. Als Ferdinand im Jahr 1697 starb, ließ die Kurfürstin noch in derselben Nacht einen Henker kommen, das Mädchen aus dem Bett zerren und gleich in der Halle köpfen. Die junge Türkin findet seitdem keine Ruhe und wandert bis heute als Jenseitsgeschöpf durch das Gemäuer. Angeblich soll dieses Spukwesen Ludwig II., der schon zu Lebzeiten mit ihrem Geist kommunizierte, zu dem im orientalischen Stil gehaltenen türkischen Saal in seinem Königshaus am Schachen inspiriert haben.

Auch anderes Blut soll die Räume dieses unglückseligen Schlosses benetzt haben. Man erzählt sich, dass hier der Kurfürst Albert, der als Karl VII. als Gegenkaiser Maria Theresias die Krone Karls des Großen getragen, einen Selbstmordversuch unternommen, an dessen Folgen er kurze Zeit später, im Jahre 1745 – an gebrochenem Herzen, wie Geschichtsschreiber sagen – zu Fü߀n (= Füssen) starb.

Seine heutige Gestalt verdankt Schloss Berg König Maximilian II. Ein lieblicher, von wilden Rosen durchflochtener Laubengang führt in terrassenförmigen Absätzen vom Schlosstor an den See zu dem im Jahr 1853 von Max II. angelegten königlichen „Schwimmhafen". Es ist dies der einzige Weg, der vom Park zum Ufer führt. Diesen Weg muss auch Ludwig II. gewandelt sein, als er zum Tode schritt.

Und so schließt sich der Kreis rund um Schloss Berg, das heute von einer Aura der Unantastbarkeit umgeben ist und eine seltsam abweisende Energie ausstrahlt. Als hätte sich die Seele des „Märchenkönigs" dort verbarrikadiert, um bis in alle Ewigkeit in Ruhe gelassen zu werden.

Schloss Neuschwanstein (Gemeinde Schwangau)

Die Frau des Minnesängers

Im Mittelalter befanden sich an der Stelle, an der heute auf einem Bergrücken hoch über der Stadt Füssen Schloss Neuschwanstein thront, ein Palas samt Bergfried (Vorderhohenschwangau) und ein Wohnturm (Hinterhohenschwangau). Zum ersten Mal urkundlich erwähnt wurde die kleine Wehranlage im Ostallgäu als „Castrum Swangowe" bereits im Jahr 1090.

Die beiden Bauwerke gingen auf das Rittergeschlecht von Schwangau zurück. Dabei handelte es sich um Ministeriale (im kaiserlichen Dienst stehende Beamte) im Umfeld der Welfen, welchen auch der Minnesänger Hiltbolt von Schwangau entstammte.

Als im Jahr 1363 Herzog Rudolf IV., auch genannt „der Stifter", Tirol unter habsburgische Herrschaft brachte, verpflichteten sich Stephan von Schwangau und seine Brüder, ihre Wehranlage den Österreichern jederzeit zur Verfügung zu stellen.

Um 1390 wurde auf der Festung Stephans Nichte Margareta von Schwangau geboren, das Kind von Ritter Ulrich II. und seiner Frau Adelheid, das mit drei Brüdern und einer Schwester unbeschwert auf der Burg heranwuchs. Das hübsche Mädchen genoss eine gute Erziehung und war für damalige Verhältnisse sehr gebildet, konnte lesen, schreiben und rechnen. Im Jahr 1409 warb der Dichter, Politiker und Minnesänger Oswald von Wolkenstein mit einem von ihm komponierten Lied um die schöne Prinzessin von Schwangau.

Erhört wurde er von Margareta allerdings erst im Jahr 1416. Möglich ist auch, dass der Lebemann, zu diesem Zeitpunkt immerhin bereits 31 Jahre alt, erst sieben Jahre nach der ersten musikalischen Interessensbekundung die Erlaubnis der Schwiegereltern erhielt. Zudem wollte Ulrich II. sichergehen, dass sich seine Tochter nicht doch noch anders entschied. Wahrscheinlich wäre ihm das nicht ungelegen gekommen, da er dem Künstler, mit dem aufgrund einer Missbildung stets geschlossenen rechten Auge nicht so recht traute. Dem besorgten Vater war zu Ohren gekommen, dass sein Schwiegersohn in spe schon einige Damen besungen und beglückt hatte. Zum Beispiel die vermögende Anna Hausmann, eine mutmaßliche Mätresse des Habsburgers Herzog Friedrich „mit den leeren Taschen". Wolkenstein nannte sie in einigen Liedern seine „fatale Geliebte" und soll sich nach dem Ende ihrer Affäre immer wieder um die Dame bemüht, aber regelmäßig eine Abfuhr kassiert haben. Ein Indiz dafür ist ein beißendes Spottlied, das der Minnesänger in jener Zeit schrieb und bei dem wohl sein gekränkter Stolz die Feder führte.

Doch Margareta blieb bei ihrer Entscheidung, und so fand im Jahr 1417 die prunkvolle Hochzeit statt. Es gab ein opulentes Mahl für an die hundert Gäste, die beladene Tafel bog sich unter einer Vielzahl von Tellern mit gebratenem Geflügel, gekochtem Gemüse und unzähligen Flaschen Rotwein. Musiker spielten auf Lauten, Schalmeien und Posaunen muntere Tanzmusik, es wurde getratscht, gelacht und kokettiert.

Margareta, von ihrem Ehemann liebevoll „Gret" genannt, bekam als Mitgift 500 rheinische Gulden, deren Auszahlung durch ihre Brüder erfolgte allerdings erst um 1426. Zuvor hatte der Bräutigam 1419 von seinem Schwager Parzival von Weineck ein Bauerngut in Bozen als Pfand erhalten. Das Paar bekam sieben Kinder, wohnte auf Burg Hauenstein in Südtirol oder in ihrer Stadtwohnung in Brixen. Margareta inspirierte ihren Gemahl zu unzähligen Liebesliedern, die zu den schönsten des deutschen Mittelalters zählen.

Im Herbst 1421 flüchtete die junge Frau, gerade wieder einmal schwanger, eines Tages weinend auf ihre Heimatburg Schwangau, da die zu diesem Zeitpunkt bereits totgeglaubte Anna Hausmann wieder aufgetaucht war und ihren Gatten um eine intime Unterredung gebeten hatte. Bei Oswald war ein bereits erloschen geglaubtes Feuer der Leidenschaft wieder ausgebrochen, und so ritt er mit unvernünftig wild pochendem Herzen durch den bunten Südtiroler Laubwald dem Stelldichein entgegen. Doch als er am Treffpunkt ankam, sprangen eine Handvoll schlagkräftige Schurken hinter den Bäumen hervor und nahmen den Ankömmling gefangen. Verantwortlich für dieses Komplott war neben der Femme fatale ein Ritter namens Martin Jäger, der Anna geheiratet hatte, und mit dem sich Oswald bereits in einer langjährigen Fehde befand.

Margaretas Ehemann wurde auf der Fahlburg in Tisens und später auf Schloss Vorst bei Meran im Kerker festgehalten und mit Daumenschrauben und Schraubstiefeln gefoltert, während sein Hals und seine Arme mit stacheligen Eisenbändern an der Wand fixiert waren. Seine Widersacher ließen ihn erst 1422 gegen eine Bürgschaft in der Höhe von 6000 Dukaten frei. Er kehrte, aufgrund einer Knochenhautentzündung am linken Schienbein an Krücken humpelnd, zu seiner Gattin zurück und fiel ihr geschwächt in die Arme. Allerdings musste der Minnesänger bald darauf schon wieder fliehen, da er sich zu einem Schiedstermin auf der Burg Tirol nicht eingefunden hatte und aus diesem Grund festgenommen werden sollte.

Auch in den Folgejahren weinte Margareta viele Tränen wegen ihres Mannes, der sich immer wieder in Schwierigkeiten brachte und danach Lieder darüber schrieb – so versetzte er einmal einem Bischof einen Faustschlag oder stritt sich mit den Bauerngemeinden um Vorweiderechte. Als man ihm einmal nicht glaubte, dass er im Recht war, ließ er in Brixen öffentlich eine schriftliche Erklärung anschlagen, die mit den Worten endete: *Nur dies noch: Ich ließe die Rittner und ihre sämtlichen*

Freunde alle miteinander eher zur Hölle und dem Teufel hinten in sein schwarzes Arschloch fahren, ehe ich mir grundlos solch eine Geschichte ausdenken wollte – obwohl ich durchaus dichten kann!

Der streitbare Minnesänger verstarb 1445, Margareta sechs Jahre später. Das Paar, das sieben Kinder in die Welt setzte, wurde im Kloster Neustift in Vahrn bei Brixen beigesetzt, ihre Grabsteine sind nicht mehr erhalten.

Auf dem Bergrücken über Füssen hatten in der Zwischenzeit einige Veränderungen stattgefunden – dort war Ende des 14. Jahrhunderts gegenüber von Vorderhohenschwangau und Hinterhohenschwangau auf einer Anhöhe zwischen Alpsee und Schwansee eine neue Festung entstanden, genannt „Schwanstein". Diese kam bereits im 16. Jahrhundert in den Besitz der Wittelsbacher, die von dort aus auf Bärenjagd gingen und später in den Räumlichkeiten ein Pfleggericht einrichteten.

Als um 1837 vom „Castrum Swangowe" längst nur noch Ruinen übrig waren, ließ König Maximilian II. die spätmittelalterliche Burg Schwanstein zu einem wohnlichen Schloss umgestalten, nannte es Hohenschwangau und zog mit seiner Familie dort ein. Sein Sohn Ludwig, der spätere „Märchenkönig", kam schon früh mit der Sagenwelt des Mittelalters in Berührung. In seinen Gemächern befanden sich an den Wänden Gemälde mit Szenen aus dem Ritterleben und das Kindermädchen las dem kleinen Thronfolger jeden Abend Geschichten von wagemutigen Abenteurern und tapferen Helden vor.

So ist es auch nicht verwunderlich, dass den zarten Knaben besonders die verfallene Festungsanlage oberhalb des familiären Anwesens faszinierte. Häufig flüchtete er aus dem strengen Elternhaus, vor allem vor seiner distanzierten Mutter, Königin Marie, und kletterte zu den Ruinen hinauf. Dann setzte er sich vor dem bemoosten Gemäuer ins Gras und zeichnete ein ums andere Mal die steinernen Überreste in sein Tagebuch.

Und wenn der Prinz dann sein Gesicht mit geschlossenen Augen der Sonne entgegenhob, träumte er davon, an dieser Stelle eine Burg zu errichten und sie im Glanz der guten alten Ritterzeit erstrahlen zu lassen. In seiner Vorstellung wuchs vor ihm ein gigantischer Bau im Stil der Romantik, in dem es holde Burgfräuleins gab, Minnesänger um die Gunst der Damen wetteiferten und Männer in strahlenden Rüstungen sich im Kampf um die Ehre duellierten. In Erinnerung an Schwanstein wollte er sein Märchenschloss, gebaut auf historischem Boden, Neuschwanstein nennen.

Die Zeit verging, aus dem Jungen mit den schmalen Schultern war ein kräftiger Bursche geworden, der im Alter von 19 Jahren die Krone von seinem Vater übernahm. Nur wenig später ließ er bereits die Ruinen von Vorderhohenschwangau und Hinterhohenschwangau abbrechen und den Rest des alten Bergfrieds sprengen.

Im Jahr 1868 entwarf er erste Skizzen seiner Mittelalterburg, angeregt durch die Besichtigung der wieder aufgebauten Wartburg, die er während eines Aufenthalts in Eisenach im Mai 1867 besichtigte. Zugleich war er inspiriert von der Sagenwelt seines Freundes Richard Wagner, allen voran „Lohengrin". Seit Ludwig das Stück mit 16 Jahren zum ersten Mal auf der Bühne gesehen hatte, war der „Schwanenritter" Leitbild seines Daseins.

Der König schrieb dem Komponisten in einem Brief, er wolle *im echten Styl der alten deutschen Ritterburgen* ein Schloss über der Pöllatschlucht neu aufbauen, *auf steiler Höh', umweht von Himmelsluft, in jeder Hinsicht schöner und wohnlicher wird diese Burg werden als das untere Hohenschwangau …* schickte ihm später euphorisch die ersten Entwürfe und erbat von ihm die Absegnung seiner architektonischen Pläne.

Ein Jahr später begann der Wittelsbacher mit dem Bau von Schloss Neuschwanstein, in den er insgesamt über sechs Millionen Mark investierte. Dafür gab es in den Gemächern bereits fließendes heißes und kaltes Wasser, eine Heißluftheizung und

Toiletten mit Wasserspülung. Bei der Errichtung des Anwesens, in dem 1550 Tonnen Sandstein, 465 Tonnen Salzburger Marmor und 400.000 Ziegelsteine stecken, kam außerdem der erste dampfmaschinenbetriebene Baukran in Bayern zum Einsatz.

Das Schloss war dennoch stets mehr dekorativ als praktisch und diente dem König gewissermaßen als bewohnbare Theaterkulisse. Spätestens ab dem Zeitpunkt, als sich deutlich die äußere Form der Burg im Mittelalterstil mit Türmchen und Zinnen abzuzeichnen begann, nannte man Ludwig hinter vorgehaltener Hand auch „Kitschkönig".

Auf der Baustelle, die Seine Majestät vom benachbarten Schloss Hohenschwangau durchs Fernrohr überwachte, waren täglich zwischen 200 und 300 Handwerker im Einsatz, die in Hochphasen auch nachts im Schein von Öllampen mauerten, hämmerten und sägten. Ging etwas schief oder lief nicht nach Ludwigs Vorstellungen, drückte der sonst so feinsinnige „Märchenkönig", der aber durchaus über einen deftigen Humor verfügte, den Schuldigen ein „Siegel der Dummheit" auf die Stirn. Zudem trieb der König seine Leute ständig zur Eile an – den Künstler Wilhelm Hauschild so nachhaltig, dass dieser beim Malen der Muttergottes an der westlichen Giebelwand ohnmächtig vom Gerüst fiel. Aufgrund der hohen Anforderungen und langen Arbeitszeiten kamen bei der Errichtung des romantischen Schlosses 40 Menschen ums Leben.

Schon bald musste Ludwig jedoch finanziell zurückstecken und einige Prunkräume schlichter als geplant gestalten. Aus diesem Grund hielt er sich häufig immer noch gerne am elterlichen Herrschersitz Hohenschwangau auf, wo er viele seiner fantastischen Ideen schon Jahre zuvor verwirklicht hatte. Er bewohnte dort ein Zimmer, in dem sich neben einem pompösen Himmelbett eine künstliche Felsengruppe befand, über die sich ein Wasserfall ergoss, überwölbt von einem mit Sternen übersäten Nachthimmel, auf dem ein raffiniertes Spiegelsystem die

Darstellung aller Mondphasen ermöglichte. Auch in seinem Stadtpalast in München hatte sich Ludwig ein „zauberhaftes" Ambiente geschaffen: einen Urwald aus Palmen, Blumen und Büschen vor einer gemalten Himalaya-Landschaft mit künstlichem Regenbogen und einem See auf dem Dach, auf dem er gerne in einem Ruderboot verträumt vor sich hin paddelte.

Obwohl Ludwig als Dank für den Kaiserbrief ab 1871 Zuwendungen von Bismarck erhielt, wurde das Geld immer knapper. Da auch die anderen architektonischen Projekte des Wittelsbachers Unsummen verschlangen, drohte Ludwig nach 16 Jahren Bauzeit an seinem Traumschloss im Jahr 1885 die Pfändung. Ein Jahr später kam er ums Leben. Nachdem er mit der Errichtung seines „Märchenschlosses" die Vergangenheit wiederauferstehen und lebendig werden lassen wollte, hatte er kaum Gelegenheit dazu gehabt, dessen Magie zu genießen. Der Wittelsbacher hatte insgesamt nur 172 Nächte auf seiner unvollendeten und nur teilweise eingerichteten Ritterburg verbracht – in der letzten wurde er nach seiner Entmündigung von dort abgeholt und nach Schloss Berg gebracht.

Ludwig II. wollte Neuschwanstein nie der Öffentlichkeit zugänglich machen, verlangte sogar eine Sprengung nach seinem Tod, um sein Anwesen vor dem Zutritt der rohen, unkultivierten Außenwelt zu bewahren. Besonders volksnah hatte sich der mit zunehmendem Alter immer mehr an narzisstischer Egomanie und neurotischer Weltflucht leidende Wittelsbacher allerdings auch vorher nie gegeben – ihm waren, wie von Richard Wagner überliefert wurde, „die Untertanen verächtlich". Wo es nur ging, hielt er sich das „niedere Volk" vom Leib, ließ sich von Dutzenden Wachleuten abschirmen, sobald er sein Traumreich aus künstlichen verspiegelten Landschaften verließ und ins Freie trat.

Doch schon sechs Wochen nach seinem Tod trafen bereits die ersten Touristen auf dem „Märchenschloss" des sensiblen

Pazifisten, närrischen Baulöwen und homophilen Paradiesvogels ein, um es zu besichtigen – insgesamt wurden noch im selben Jahr 80.000 Besucher gezählt. Mit den Eintrittsgeldern bezahlten seine Erben einen Teil der Kredite.

Die beiden Weltkriege überstand das hoch auf dem Felsen gelegene Schloss ohne Zerstörungen, bis 1944 diente es der NSDAP als Depot für geraubte Schätze, wie beispielsweise den Genter Flügelaltar.

Im April 1945 drohte dem monumentalen Bauwerk kurzzeitig die Sprengung durch die SS, die damit verhindern wollte, dass ihre Beute in die Hand der Feinde gelangte. Der dort stationierte Kunstexperte Günther Schiedlausky nahm den Befehl von SS-Gruppenführer Jürgen Stroob entgegen, ließ seinen Vorgesetzten wieder abziehen und widersetzte sich danach seiner Anordnung. So blieb Neuschwanstein, das sich heute im Eigentum des Freistaats Bayern befindet, verschont, die dort gelagerten wertvollen und antiken Gegenstände wurde unter SS-Oberbereichsleiter Robert Scholz sichergestellt und den Amerikanern übergeben.

***

„Neu-Wahnstein", wie die Stuttgarter Zeitung in ihrer Online-Ausgabe am 25. Juli 2016 formulierte, ist regelmäßig Sehnsuchtsziel von Menschen aus aller Welt und wird besonders im Sommer von Amerikanern, Chinesen und Japanern regelrecht belagert – 1,52 Millionen Touristen besuchen jährlich das Schloss und somit einen wichtigen Teil der bayerischen Geschichte.

Ludwigs Geist dürfte sich auf dem nach seinen Vorstellungen errichteten Schloss nicht aufhalten, jedenfalls sind bisher keine paranormalen Vorfälle bekannt geworden. Vermutlich will er auch im Tod nichts mit dem „niederen Volk" zu tun haben, das er schon zu Lebzeiten gemieden hatte.

Allerdings taucht der „Märchenkönig" hin und wieder auf Bildern von Neuschwanstein auf, wie Besucher aus verschiedensten Teilen der Erde berichten. Allerdings nur auf solchen, die von der Marienbrücke aus gemacht wurden, die er im Jahr 1866 errichten ließ – er ist darauf stets am rechten Rand mit Kopf und Oberkörper zu sehen, trägt eine Uniformjacke mit einigen angehefteten Abzeichen und lächelt fast spitzbübisch. Möglicherweise ist der Wittelsbacher selbst häufiger auf jener Eisenkonstruktion über die Pöllatschlucht gestanden und hat voller Stolz sein architektonisches Meisterwerk betrachtet.

Ludwig II., der auch selbst sehr gerne fotografierte, erfand im Jahr 1864 die Autogrammkarte: ein Bild von sich, wirkungsvoll vor irgendeiner spektakulären Kulisse aufgenommen, mit seiner Unterschrift. Ob das der Hintergrund dieses seltsamen Spuks ist?

Eine dieser Aufnahmen wurde von Experten überprüft und als „echt" befunden, womit als erwiesen gilt, dass es sich um keine Fotomontage handelt. Zudem existieren genau diese Abbildungen des bayerischen Regenten, die ihn so zeigen, wie er kurz vor seinem Tod aussah, nachweisbar in keinem Archiv der Erde, aus dem man sie entnehmen könnte.

Über ein weiteres paranormales Phänomen wird von dem 56-jährigen Hans W. aus Berlin berichtet: „Ich glaube wirklich nur an Dinge, die sich beweisen lassen, und bestimmt nicht an Geister. Doch was mir bei Neuschwanstein passiert ist, können sich weder meine Gattin noch ich erklären.

Wir haben das Schloss im Juni 2017 besucht und fanden es auch sehr interessant, in die Welt von Ludwig II. einzutauchen. Wäre ich etwas feinfühliger, würde ich vielleicht behaupten, seine Anwesenheit in den Räumen gespürt zu haben. Was ich auf alle Fälle wahrgenommen habe: alte Energie, den Hauch der Vergangenheit. Und dann, als wir das Bauwerk verließen, passierte das Unwahrscheinliche! Mitten auf dem Weg lag eine silberne Schnupftabakdose mit einem eingravierten Wappen auf dem Deckel. Ich hob den Gegenstand auf und öffnete ihn, woraufhin mir ein Luftstoß ins Gesicht fuhr, der nach Moder roch. Im selben Moment schrie meine Ehefrau auf, weil zugleich eine riesige Motte aus dem Ding in meiner Hand geflogen war, die sie angeblich angestarrt hatte, bevor sie Richtung Schloss davonsegelte.

Ich steckte die Dose ein und wollte sie in Schwangau bei der Polizei abgeben, denn ich dachte, ein Tourist hätte sie im Andenkenladen gekauft und dann verloren. Über den seltsamen Luftstoß und das Insekt wollte ich nicht genauer nachdenken. Als wir im Ort aus dem Auto stiegen, um uns nach dem Weg zu erkundigen, griff ich nach der Schnupftabakdose, doch sie war verschwunden. Meine Frau konnte bestätigen, dass ich sie in meine rechte Jackentasche gesteckt hatte ... und auch ich bin noch nicht verkalkt. Ich verstehe es bis heute nicht!"

Doch abseits des „Märchenkönigs" wird das Schloss selbst von einem anderen Geist bewohnt, und zwar angeblich von dem der Margareta von Schwangau. Die Gemahlin des Minnesängers Oswald von Wolkenstein soll wehklagend durch die Gemächer von Neuschwanstein schleichen, dessen Vorgängerbau einst ihr Zuhause war.

Sie ist voller Kummer über den Verrat ihres treulosen Gatten im Jahr 1421, als er seiner einstigen Angebeteten Anna Hausmann entgegenritt, während Margareta sein Kind unter ihrem Herzen trug. Möglicherweise ist ihre Seele aber auch aufgrund ihrer Verzweiflung über Oswalds Gefangenschaft an diesen Ort gebunden, an dem sie in der Obhut ihrer treusorgenden Eltern auf den geliebten Ehemann wartete.

Man hört sie allerdings nur, wenn es ruhig ist in den Räumen, was zu den regulären Öffnungszeiten nur sehr selten der Fall ist. Aber wer genau hinhört, kann die verzweifelte Frau vielleicht weinen hören.

Eine weitere Spur zu jenseitigen Wesen führt vor das Haupttor des Monumentalbaus, wo an Nebeltagen die Seelen der einst bei der Errichtung von Neuschwanstein ums Leben gekommenen Handwerker zu sehen sein sollen. Ihre diffusen Erscheinungen, so die Beschreibung von Augenzeugen, mischen sich in die weißen Dunstschwaden und wabern mit ihnen an den Mauern empor. Dabei sei ein Stöhnen und Ächzen zu hören, in das sich ein metallisches Klopfen und hölzernes Raspeln mischt – ganz so, als würden die Männer immer noch hämmern und sägen, damit das Schloss endlich fertig wird.

Wenn wir beide längst nicht mehr sind, wird doch unser Werk noch der späteren Nachwelt als leuchtendes Vorbild dienen, das die Jahrhunderte entzücken soll, und in Begeisterung werden die Herzen erglühen.

Ludwig II. 1886 in einem Brief an Richard Wagner

St.-Ulrichs-Kapelle (Gemeinde Wolferstadt)

Eine Weiße Frau, schwarze Messen und verirrte Wanderer

Die Ruine der St.-Ulrichs-Kapelle liegt auf dem Uhlberg (Eulenberg), einer Bergkuppe nahe der mittelfränkischen Stadt Treuchtlingen. Sie wurde entweder von Benediktinerinnen gegründet oder von Marschall Ulrich von Rechenberg für seine Tochter Adelheid errichtet, einer Nonne des Konvents der Frommen Frauen.

Um 1224 übernahmen vermutlich die Grafen von Pappenheim die Abtei und verlegten sie 1252 nach Zimmern. Ein kleiner Teil der klösterlichen Gemeinschaft verblieb jedoch auf dem Uhlberg und wohnte weiterhin in dem kleinen Gotteshaus, das in der Folgezeit allerdings komplett zerstört wurde. Zu diesem Zeitpunkt befand sich das gesamte Gebiet aufgrund von Schenkungen bereits im Besitz des Deutschen Ordens aus der nahegelegenen Stadt Ellingen. Dessen Landkomtur Melchior von Neuneck gab um 1275 den Bau eines der Mutter Maria geweihten Kirchleins in Auftrag, errichtet anstelle eines Bildstocks, der an dieser Stelle Wunder vollbracht haben soll.

Ende des 13. Jahrhunderts ist in der Gegend allerdings auch ein „Goldener Ritter" namens Ulrich von Truhendingen (Treuchtlingen) erwähnt, der als Besitzer einiger Ortsteile der Stadt nahe dem Uhlberg ebenfalls Namensgeber der St.-Ulrichs-Kapelle gewesen sein könnte.

Erstmalig urkundlich erwähnt wurde das Gebäude in einem Dokument aus dem Jahr 1466, mit dem Papst Paul II. den Wallfahrern an Mariä Verkündigung und Mariä Himmelfahrt einen

Ablass gewährte. Ab 1469 beteten die Gläubigen aus der Region in den Räumlichkeiten des kleinen Gotteshauses eine heilige Figur mit dem Namen „Mondsichel-Madonna“ an.

Die Kapelle wurde im Mai des Jahres 1525 während des Bauernkriegs verwüstet. Möglicherweise war sie in jener Zeit Teil eines Orts, der zugleich verödete – einige Quellen sprechen von der Siedlung Siebeneichhöfen. Heute trägt diesen Namen der Weiler am Fuß des Uhlbergs.

1629 beantragten die Bewohner des Gebiets erfolglos einen Wiederaufbau des einstigen Kirchleins, in dessen Nähe sich einige wundersame Vorfälle ereignet haben sollen. Man berichtete von magischen Lichtern, die Naturgeistern zugeordnet wurden und Menschen von ihren körperlichen Leiden und seelischen Qualen befreiten.

Gegen Ende des Dreißigjährigen Kriegs Mitte des 17. Jahrhunderts vergruben angeblich fliehende Kaufleute einen Schatz bei der Kirchenruine.

In einer anderen Geschichte zur St-Ulrichs-Kapelle heißt es, dass die Abtei aus dem 12. Jahrhundert bis zum Bauernkrieg bestand, die Nonnen durch das Geläut des rund 20 Kilometer entfernten Klosters Zimmern vor den nahenden Revolutionären gewarnt wurden, rasch alles Wertvolle und Kostbare vergruben und flohen. Laut einer Legende soll sich in dem kleinen Gotteshaus eine Glocke befunden haben, welche die Ordensfrauen in jener Zeit im noch heute westlich der Ruine befindlichen Klosterbrunnen versenkten. 1937 grub man dort, so belegt es der örtliche Heimatbote, bis auf eine Tiefe von 2,5 Metern, ohne jedoch fündig zu werden. Tiefere Ausschachtungen waren wegen der immer wieder einstürzenden Ränder des Brunnens nicht möglich.

Von 1724 bis 1731 sind geheime Zusammenkünfte einer Sekte am Uhlberg überliefert, deren Mitglieder jede Nacht in einem Kreis aus flackernden Kerzen Zeremonien zur Wiederbelebung Toter durchführten. Nachdem die Glaubensgruppe vom Bischof verboten worden war, tauchte ein Prediger namens J. G. Weber auf, der das Volk auf die Ankunft böser Dämonen vorbereiten sollte, indem er eine schwarze Kerze vor die Kapelle stellte. Zudem hatte er die Aufgabe, die Menschen vor Heuchlern zu warnen. In alten Druckwerken findet man diverse Geschichten zu den Wachsresten, die sich damals rund um das Mauerwerk befanden.

Noch heute zünden manche Besucher der Ruine Wachslichter an, um dort Geister zu beschwören oder – ganz im Gegenteil – Rituale zur Säuberung der Atmosphäre von unerlösten Seelen durchzuführen.

Trotz einer relativ wahrscheinlichen Entstehungsgeschichte des Bauwerks bestehen daran seitens der Forschung erhebliche Zweifel. Aufgrund widersprüchlicher Daten in Chroniken und Geschichtsbüchern konstruieren und verwerfen Historiker immer wieder neue Theorien zur St.-Ulrichs-Kapelle. Diese ungewisse Vergangenheit ist Teil des Mythos, mit dem die alten Mauern behaftet sind.

Nach einer Renovierung Ende des 19. Jahrhunderts betreut das Forstamt Treuchtlingen das Gemäuer, das sich mittlerweile im Besitz des Freistaats Bayern befindet. Die spätgotische „Mondsichel-Madonna", die sich angeblich 500 Jahre lang im Besitz einer Bauernfamilie befunden hat, ist dem Diözesanmuseum in Eichstätt überantwortet worden.

Ein Lindenholz-Relief des Marientodes kam in die Dorfkapelle im nahen Zwerchstraß.

Auf einer älteren topografischen Karte ist an der Stelle, an der neben den Kirchenruinen bis 2012 ein Forsthaus stand, eine Art „Tempel" eingezeichnet, der eine altgermanische Kultstätte vermuten lässt. Zudem ist eine keltische Burg samt Ringwall zu erahnen, in der die Nonnen bis zum Bezug des Klosters um 1145 untergebracht gewesen sein sollen.

Dass in dem Gebiet schon sehr früh Menschen siedelten, mag daran liegen, dass der Uhlberg als Durchgangspunkt astronomischer Sonnen- und Mondwendlinien gilt, also ein starker Kraftort ist. In dem genannten Forsthaus, erbaut um 1800 vom Waldhüter Andreas März, fand im 19. Jahrhundert so manche gesellige Veranstaltung mit gutem Essen, Musik und Tanz statt.

Durch die Kombination aus düsterem Wald, geheimnisvollen Eulen, einsamer Abgeschiedenheit und der Kirchenruine sind im Laufe der Jahrhunderte abenteuerliche Geschichten entstanden. Um die St.-Ulrichs-Kapelle ranken sich düstere Legenden und es existieren zahlreiche Zeugenaussagen zu Geistersichtungen. Aufgrund der Häufung diverser unheimlicher Geschichten über außernatürliche Ereignisse begann sich bereits die Mystery-Serie „Haunted – Seelen ohne Frieden" des Fernsehsenders TLC mit Sky du Mont als Erzähler für die alten Mauern zu interessieren. Das TV-Magazin „Welt der Wunder" stuft die Ruine sogar als einen der gruseligsten Orte Europas ein.

***

In Vollmondnächten spukt um die Ruine eine Weiße Frau, vielleicht eine ehemalige Nonne des Klosters, die den dort noch unentdeckten Schatz bewacht. Bereits zu Beginn des 18. Jahrhunderts sind einem Mädchen zwei Ordensfrauen erschienen, die ihm von den vergrabenen Schätzen in der Ruine erzählten und wie man diesen finden könnte: Wo einst der Altar stand, würde schon bald eine Fichte wachsen, aus deren Holz eine Wiege hergestellt werden sollte. Das Sonntagskind, das man darin bettete, könnte später den Schatz heben. Tatsächlich existierte laut alten Aufzeichnungen mitten in den Mauerresten eine Fichte, über die im Jahr 1934 berichtet und deren Alter auf 200 Jahre geschätzt wurde. 1955 hat man den Nadelbaum allerdings fällen lassen. Gegraben wird an dieser Stelle heute noch, wie Löcher im Waldboden innerhalb des Baus beweisen.

Eine besonders auffällige Vertiefung könnte darauf hinweisen, dass sich dort einst eine Gruft befunden hat.

Im Jahr 1874 berichtete ein Tourist Reportern der „Ingolstädter Zeitung", dass Schatzgräber bei den Mauerresten weiße Gestalten gesehen hätten, die sie vor der Störung der spirituellen Energie an diesem religiösen Ort warnten und einen Wiederaufbau des Klosters prophezeiten. Sie erinnerten an die wundersamen Vorfälle in Form von Heilungen Kranker, die Naturgeistern zugeschrieben wurden. Während sie sprachen soll ein Schwarm Raben ihre Häupter umkreist haben.

Aber auch gegenwärtig berichten Wanderer über seltsame Vorfälle in diesem Waldstück. Beispielsweise wird erzählt, es seien auf Fotos im Nachhinein seltsame Wesen aufgetaucht, die zum Zeitpunkt der Aufnahme dort nicht zu sehen waren. Jedoch spürten sie angeblich einen eisigen Luftzug und unsichtbare Blicke, während sie sich dort aufhielten, und das in einem Moment vollkommener Stille, in dem nicht einmal das Zwitschern eines Vogels zu hören gewesen war. Zur selben Zeit hatten die Handys keinen Empfang und die Akkus entleerten sich ohne ersichtlichen Grund. Diese Phänomene wurden mehrfach geschildert.

Eine junge Frau berichtete außerdem, dass sie alleine vom Uhlberg mit ihrem Auto zurück aus dem Wald fahren wollte, ihr Wagen aber nicht ansprang. Sie versuchte, ihren Freund anzurufen, doch es kam keine Verbindung zustande. Plötzlich startete das Auto von ganz alleine und die Frau machte sich schleunigst aus dem Staub. Doch schon nach wenigen Metern hörte sie einen lauten Schlag gegen eine der hinteren Türen, erschrak heftig, konnte aber zum Glück die Spur halten und kam sicher im Tal an. Zu Hause wollte sie den Schaden an ihrem Fahrzeug begutachten, fand jedoch weder Dellen noch Kratzer vor.

Andere Personen berichteten, dass es sehr schwierig sei, von den Überresten der St.-Ulrichs-Kapelle wieder aus dem

Wald hinaus zu finden – man könne sich sehr leicht verirren und komme immer wieder bei der Ruine an. Es gab aus diesem Grund sogar schon Polizeieinsätze.

Eine weitere Geschichte betrifft den Herrn der Unterwelt, der rund um das ehemalige Gotteshaus sein Unwesen treiben soll, da er im 19. Jahrhundert mehrmals von Satanisten im Rahmen von schwarzen Messen heraufbeschworen wurde. Teufelsanbeter hatten sich damals bei dem Mauerwerk versammelt, so lautet die Überlieferung, um Hungersnöte, Krankheiten und Unwetter von dem Gebiet abzuwenden, wofür man dem Fürsten der Finsternis die Seelen einiger Einwohner des Tals versprach. Satan hat das Opfer angenommen, sein Versprechen, jedes Unheil von der Region fernzuhalten, aber trotzdem gebrochen. Und so geschah es, dass er sich innerhalb kurzer Zeit zehn Einwohner der Dörfer am Fuß des Uhlbergs holte. Auch diese Menschen finden keine Ruhe und spuken bei dem verfallenen Gemäuer herum. Angeblich fügen die Geister allerdings nur jenen Personen Schaden zu, die noch heute – wissentlich oder unwissentlich – mit dem Teufel im Bunde stehen.

Ein weiteres paranormales Phänomen stellt Glockengeläut dar, das an nebligen Tagen dumpf durch den Wald dringt, obwohl dort weit und breit keine Kirche mehr steht.

Ramsee (Gemeinde Herrsching am Ammersee)

Der verschwundene Ort und seine Geister

Der ehemalige Weiler Ramsee, der seit 1859 vom Erdboden verschwunden ist, lag einst auf 610 Meter Seehöhe zwischen Andechs und Wartaweil. Damals hieß Wartaweil, mittlerweile ein Ortsteil von Herrsching, noch „Einöde zur weißen Säule“ – nach einem im Jahr 1629 errichteten, weiß gekalkten Tuffstein, der dem Übersetzverkehr der Fähre als Orientierungszeichen diente. Mit ein bisschen Fantasie kann man sich vorstellen, warum das Dorf am östlichen Ufer des Ammersees etwas später Wartaweil hieß.

Im 2. Jahrhundert n. Chr. stand auf dem Areal, auf dem sich später Ramsee befand, ein römischer Gutshof. In Windwurfgruben kamen Geschirr, Feinkeramik und Ziegel zum Vorschein, die aufgrund ihrer hohen Qualität auf einen gehobenen Lebensstandard der Bewohner hinweisen. Später verödete die Gegend, bis bayerische Siedler sie in Besitz nahmen.

Erstmals erwähnt wurde der Weiler Ramsee, dessen Name als „Raben-Aue“ interpretiert wird, im Jahr 1223 durch Sifridus de Ramesoue. 1280 schien der Ort in einem Verzeichnis über Grundbesitzrechte auf, Mitte des 15. Jahrhunderts stand er mit fünf Höfen auf einer Liste des Gerichts Weilheim, das zu jener Zeit herzogliche Güter und dessen Bewohner katalogisierte.

Es gab damals sechs Gebäude in Ramsee, drei Bauernhöfe, ein Söldneranwesen, ein Arbeiterhaus und eine gemeindliche

Hirtenbehausung. Von 1458 bis 1803 war Ramsee Hofmarkt des Heiligen Berges.

Während des Dreißigjährigen Kriegs in der ersten Hälfte des 17. Jahrhunderts *stahlen Freybeuter* laut der Chronik von Erling *einige Stück Vieh im zweyten Ried beim Ambersee*, in dem es zudem brannte, wobei der Schaden größer war, als offiziell angegeben.

Um 1800 gab es in dem Ort immer noch nicht mehr als sechs Häuser, in denen insgesamt 42 Menschen lebten, 1823 wurden nur noch 33 Einwohner gezählt.

In den 1840er-Jahren existierte nachweislich bereits eine kleine Kirche mit Satteltum, St. Nikolaus gewidmet, für die sonntäglichen Gebete der frommen Leute. Zudem standen in dem Weiler zwei Söldneranwesen und drei Bauernhöfe. Zu jener Zeit kaufte ein württembergischer Spekulant namens Karl Schuster ein landwirtschaftliches Gut in Ramsee, zwei Jahre später folgten zwei Bekannte des Geschäftemachers und erwarben ebenfalls größere Anwesen. Wie sich herausstellte, handelte es sich um Strohmänner, denn kurz darauf war Schuster der alleinige Besitzer der drei Höfe, und damit gehörte ihm nahezu der halbe Ort.

1849 brannten einige Gebäude ab, darunter auch die landwirtschaftlichen Betriebe und das Söldneranwesen. Schuster erbaute kurz darauf auf seinem Grund von 800 Tagwerk (= rund 273 Hektar) ein stattliches Herrenhaus mit zahlreichen Nebengebäuden, ging allerdings zwei Jahre später bankrott. Im Dezember 1851 wurde das Gut auf 40.529 Gulden (umgerechnet rund 550.000 Euro) geschätzt und im September 1852 an den Meistbietenden versteigert. Es fiel an den Klostergutbesitzer Felix Christian Wieninger, der sein Eigentum sieben Jahre später um 85.000 Gulden an den Staat verkaufte, der den Ort räumen und das Gebiet aufforsten ließ. Aus dem Material der letzten entfernten Häuser baute sich Wieninger eine Villa am Südwestrand von Erling.

Der Rest der Kleinsiedlung wurde abgerissen, nur das Gotteshaus blieb noch fünf Jahre lang stehen. Zuvor gab es einen Prozess zwischen den umliegenden Orten, bis entschieden wurde, dass Herrsching das Kirchenvermögen und Inventar, Andechs die Kirchenglocken und Bänke für ihre Friedenskapelle und Erling das Gebäude zum Abbruch erhielt. Aus den Steinen bauten die Erlinger ihre Friedhofsmauer und ein Lehrerhaus.

Im Anschluss ließ die zuständige Verwaltung des Gebiets Ramsee einen Fichtenwald an die Stelle pflanzen, an der einst Menschen in höchster Armut gelebt, ihre Kinder mehr schlecht als recht großgezogen und ihre Schicksale gemeistert hatte. Einer eher scherzhaften Behauptung zufolge ist Ramsee ausgestorben, weil die Männer dem Andechser Bier verfallen und nicht mehr in der Lage waren, Nachkommen zu zeugen.

Heute hat die Natur alle Spuren von Zivilisation an dieser Stelle ausgelöscht, unter der Moosdecke ist von dem einstigen Ort fast nichts mehr zu sehen. Auf dem Gelände befinden sich nur ein Gedenkstein am Standort der früheren Kirche, eine Zisterne und einige Gräber oder Überreste einer Kelleranlage. Bei drei der ehemaligen Gehöfte sind noch Brunnenfassungen zu erkennen.

Zu finden ist der fast spurlos verschwundene Weiler über die Forstwege Schwellbrückenstraße und Ramseestraße, die dem Verlauf der einstigen Dorfstraße folgen. Die Flur gehört seit 1937 zum Gemeindegebiet Hersching.

Ein ansässiger Heimatforscher hat auf dem Areal nach heftigen Stürmen, die etliche Bäume entwurzelten, einige Gegenstände gefunden. Sein größter Stolz ist das Duplikat eines Pfeifenkopfs, der eindeutig Prinz Eugen von Savoyen zugeordnet werden kann. Es ist zu vermuten, dass ihn ein Ramseer mit nach Hause brachte, der unter dem Feldherrn im Erbfolgekrieg gekämpft hatte.

***

Wo sich einst Ramsee befand und heute statt der vom Wind im letzten Jahrhundert niedergemähten Fichten vorwiegend Buchen, Eschen und Ahornbäume stehen, soll einst Plinius der Ältere gegen Drachen gekämpft haben – so die Legende. Eine weitere erzählt über den „Schäuferlmann", der im Wald, der sich bis zur Erlinger Höh' erstreckt, hauste. Wie Pater Emmeran Heindl aus Andechs 1895 schriftlich festhielt, handelte es sich dabei wohl um einen *unerlösten Untoten*, der am Kienbach unter einer Brücke von Sonnenuntergang bis zur ersten Morgenröte Erde schaufeln musste.

Es heißt, der Mann war zu Lebzeiten ein Halsabschneider, der anderen Leuten das Wasser abgegraben hat. Angeblich ermordet der unglückliche Geist alle Menschen, die den Steg überqueren, außer jene, die Weihwasser mit sich führen. Emmeran Heindl berichtete in seinen Schriften beispielsweise über einen Bauern, der in einem Lokal in Andechs zu tief ins Glas geschaut hatte und danach übermütig ohne Weihwasser heim nach Ramsee gegangen war, *weil das alles ein Schmarrn ist mit dem Spuk!*

Der Schäuferlmann sprang unter der Brücke hervor, kaum schickte sich der fidele Landwirt an, diese zu überqueren. Er jagte sein Opfer bis zu dessen Hof, um ihm kurz vor der Eingangstür die Schaufel über den Kopf zu ziehen. *Der Bauer musste sofort ins Bett und war acht Tage später eine Leich,* heißt es in den Aufzeichnungen des Paters. Als dann der Tote aus dem Haus getragen wurde und auf seine letzte Reise zur Aufbahrung in Herrsching ging, *fingen die Rosse des Leichenwagens ein solches Gewieher an, dass sich alles darüber verwunderte.*

Auch heute noch glauben viele Bewohner des Umlands, der Schäuferlmann spuke wie eh und je im Gehölz von Ramsee, um betrunkene Heimkehrer zu erschrecken.

Allerdings findet sich noch ein anderes Wesen aus dem Jenseits regelmäßig auf dem Areal des einstigen Weilers ein. Es soll dort ein gehässig kicherndes Weiblein mit weit aufgerissenen

Augen und grimmiger Miene sein Unwesen treiben. Angeblich läuft die alte Frau in doppelter Geschwindigkeit durch den Wald, als Menschen üblicherweise in der Lage sind, sich vorwärts zu bewegen. Sie kommt somit Spaziergängern in Sekundenschnelle ganz nah, mustert sie bedrohlich, um gleich darauf weiterzueilen. Die Personen, die das Wesen erblickt haben, leiden exakt sieben Nächte lang an entsetzlichen Albträumen – so erzählt man es sich jedenfalls.

Doch die wohl gruseligste Erscheinung stellen die toten Bewohner von Ramsee dar, die regelmäßig durch das Unterholz streifen und vorwiegend von Forstarbeitern gesehen werden, da sie sich ein wenig abseits der alten Dorfstraße aufhalten. Laut Beschreibung bewegen sie sich schwankend fort, fast so, wie man es von Zombies aus Hollywood-Streifen kennt. Sie sind farblos und fallen in sich zusammen, wenn man ihnen zu nahekommt. Es handelt sich um die Geister des verschwundenen Weilers, die auf der Suche nach ihren Häusern sind … sagt man.

Schloss Ortenburg (Markt Ortenburg)

Ein vermoderter Graf und ein Schattenphänomen

Auf dem Hügel, auf dem heute das prächtige Schloss herrschaftlich über dem gleichnamigen Markt im Landkreis Passau thront, entstand 1120 die erste Festung unter dem Spanheimer Rapoto I. von Ortenburg als Zentrum seiner Grafschaft.

Während einer Fehde haben feindlich gesinnte Ritter aus der Nachbarschaft die Burg im Jahr 1192 dem Erdboden gleichgemacht. Der Neubau scheint im Jahr 1249 erstmals auf einer Urkunde auf, wurde jedoch 1404 im Landshuter Erbfolgekrieg geplündert sowie teilweise zerstört und sollte 1408 unter Graf Georg I. verkauft werden. Der Adelige verwarf den Plan allerdings wieder und gab das Gemäuer an einen seiner Erben weiter. Im Anschluss an eine notdürftige Renovierung wurde die Verteidigungsanlage im Jahr 1504 unter Ulrich II. mittels einer List durch einen Kontrahenten in Brand gesteckt und fast vollständig vernichtet.

Von 1562 bis 1575 erfolgte die Errichtung des heutigen Renaissance-Schlosses samt Ställen und Nebengebäuden durch Graf Joachim von Ortenburg, der als eine der interessantesten Persönlichkeiten seines Geschlechts galt. Akademisch gebildet, welterfahren und tief religiös wandte er sich schon in jungen Jahren der Lehre Martin Luthers zu und bekannte sich 1557 zu der neuen Glaubensrichtung, die in jener Zeit langsam alle Bevölkerungsschichten Bayerns durchdrang. 1563 ließ Graf Joachim den ersten öffentlichen protestantischen Gottesdienst in der Marktkirchen Ortenburg abhalten und der streng katholische Herzog Albrecht V. aus diesem Grund die Burg besetzen.

Als diese Handlung wenig Wirkung zeigte, nahm der glaubensstarke Katholik zwei Monate später die Pfarrer der Gemeinde gefangen. Er wollte seinen Kontrahenten damit zwingen, die Reformation in seinem Herrschaftsbereich rückgängig zu machen und bezichtigte Graf Joachim und seine Anhänger sogar der Verschwörung. Dank des Eingreifens des Habsburgerkaisers Maximilian II. kam es zu der Einigung, dass die Bevölkerung weiterhin evangelisch bleiben durfte, der protestantische Gottesdienst in der Gemeinde aber eingestellt werden musste. Lediglich in der Schlosskapelle durfte evangelisch gepredigt werden. Später widersetzte sich der Edle von Ortenburg allerdings und gab die Marktkirche wieder für die Predigten nach Luthers Lehren frei. Das führte erneut zu Konflikten, aus welchen Graf Joachim siegreich hervorging.

Dank der Vermählung mit einer wohlhabenden Adeligen hatte er genug Geld zur Verfügung, um Schloss Ortenburg pompös zu gestalten, installierte sogar eine für damalige Zeiten hochmoderne und damit auch teure Wasserleitung aus Holzrohren. 1568 ließ er die letzten Reste der mittelalterlichen Burg abtragen und baute seinen Besitz weiter aus, den er zuletzt mit einer wehrhaften Ringmauer inklusive zweier Bastionen und einem Graben schützen wollte. Doch aufgrund seiner sich verschlechternden finanziellen Lage konnte der Adelige diese Pläne nicht mehr in die Tat umsetzen. Wirtschaftlich ruiniert, wollte Graf Joachim zuletzt sogar die Grafschaft veräußern und sich anderswo im protestantischen Teil des Reichs ansiedeln, allerdings ohne Erfolg.

In seiner Not arbeitete er von 1584 bis 1590 als Statthalter in Amberg, um nicht komplett zu verarmen. 1589 bot er seine Reichsgrafschaft samt den bayerischen ländlichen Gütern für 550.000 Gulden Herzog Wilhelm V. zum Kauf an. Das Geschäft kam jedoch nie zustande. Graf Joachim starb im Jahr 1600 im Exil in Nürnberg, zurückgelassen hatte er ein halbfertiges Schloss, das an seine zweite Ehefrau und Witwe Lucia fiel.

Nach den beiden nächsten edlen Herren in Ortenburg, Heinrich VII. und sein Vetter Georg IV., übernahm Heinrichs Sohn Friedrich Casimir im Jahr 1627 die Herrschaft. Er war jedoch mehr der Kunst als der Kriegsführung und den Regierungsgeschäften zugetan, weshalb es auch ihm schwerfiel, mit den zur Verfügung stehenden finanziellen Mitteln sorgsam zu haushalten. Er gab Unsummen dafür aus, den Innenausbau des Bauwerks prunkvoll zu gestalten, und realisierte zudem die prächtige Bemalung des Innenhofs.

Darüber hinaus ließ er den Schlossberg mit Wein bepflanzen und einen barocken Lustgarten nach italienischem Vorbild anlegen, mit einer Orangerie, prachtvollen Blumenbeeten mit verschlungenen Ornamenten aus bunten Blüten, einer Lindenallee, Spalierwänden mit Efeuranken, einem Brunnen und einem Pavillon. Dahinter gab es noch einen Obst- und Gemüsegarten sowie ein Freilufttheater.

Ging man vom Schloss über Terrassenstufen abwärts in den Garten, war in einer Geländestufe ein Grottenwerk mit Aussichtsgalerie integriert. Zudem entstand auf dem Areal ein Tiergarten – wo damals Hirsche, Rehe und anderes Wild gehalten wurden und in einem Teich bunte Fische und exotische Schildkröten schwammen, befindet sich heute ein Wildpark.

Als der Habsburger Kaiser Ferdinand II. in den Jahren 1624 und 1625 die Ausweisung der Protestanten aus Österreich verfügte, flohen diese in die nahegelegene Ortenburg, wo ihnen der schöngeistige Graf Friedrich Casimir Asyl gewährte. Er ließ sie auf seinem Grund und Boden ansiedeln – auf diese Weise entstanden die Orte Gänswinkel sowie Vorder- und Hinterhainberg.

Während seiner Amtszeit brach nicht nur der Dreißigjährige Krieg aus, sondern auch drei Mal die Pest. Mit der Bezeichnung „der Verharrende“ trat er im Jahr 1637 der „Fruchtbringenden

Gesellschaft" bei. Es handelte sich dabei um eine Sprachakademie und zugleich Mischung aus Bruderschaft, Geheimbund und Ritterorden mit einem riesigen Netzwerk in höfische, politische, militärische und diplomatische Krise. Einige der rund 890 Mitglieder, Gelehrte aus ganz Deutschland, sollen sich auch mehrmals auf Schloss Ortenburg getroffen und wichtige gesellschaftliche Umwälzungen in Gang gesetzt haben.

Als Graf Friedrich Casimir im Jahr 1658 starb, schrieb ein guter Freund in einem Nachruf: *Er lebte unbeweibt, baute Häuser und wusste nicht den Wert des Geldes zu würdigen.* Viele seiner eigenen Zeichnungen und Aquarelle sind bis heute erhalten und vor allem bei Historikern sehr beliebt.

Dem Ortenburger war es wie seinen Vorgängern nicht gelungen, die Reichsgrafschaft auszulösen. Ebenso trug er nicht zum Abbau der Schulden des verarmten Grafengeschlechts bei, sondern stürzte – im Gegenteil – das Haus mit seiner Verschwendungssucht noch tiefer in die Krise.

Nach seinem Tod fiel die Regentschaft an seinen Vetter Georg Reinhard, der es 1662 endlich schaffte, die Grafschaft und den Markt auszulösen – ein Teil der erforderlichen Summe stammte dabei aus den Einnahmen der örtlichen Bierbrauerei.

Wirklich bekannt geworden ist dieser Edelmann jedoch erst posthum – einerseits durch die skurrilen Umstände seiner Bestattung, andererseits durch die Entführung seines Sohns.

Der Graf starb 1666 auf Schloss Ortenburg, sein Leichnam verblieb aber 13 Jahre lang einbalsamiert auf einem Lehnstuhl. Vermutlich deshalb, weil seine Gemahlin ein protestantisches Begräbnis forderte, sein Bruder Graf Christian jedoch auf einer katholischen Beerdigung bestand. Diese fand auf Druck der Kirche 1679 auch endlich statt – Georg Reinhard wurde in der Sixtuskapelle im Passauer Dom auf seinem Stuhl sitzend beigesetzt. Auf seinem Epitaph ist jedoch vermerkt, dass er in der evangelischen Marktkirche ruht, was jahrhundertelang für Verwirrung sorgte. Tatsächlich brachte dort die Witwe nur einen Gedenkstein für ihren verstorbenen Ehemann an. Im Bayerischen Hauptstaatsarchiv existiert eine Rechnung über 848 Gulden und 13 Kreuzer für die Arbeit eines Maurermeisters und zwölf seiner Männer, die den Eingang zur Gruft in der Sixtuskapelle hatten ausstemmen müssen, damit der Stuhl samt Leiche hindurchpasste.

Doch Georg Reinhard sorgte ein weiteres Mal für Verwirrung – ebenfalls nach seinem Tod: Im Jahr 1883 wurde in der evangelischen Marktkirche von Ortenburg die gräfliche Gruft geöffnet und darin unter meterhohem Moder ein Sarg entdeckt, der den Namen des Grafen trug. Dieser geriet danach aber in Vergessenheit und wurde erst 2006 geöffnet – er enthielt einige Locken und ein Paar Handschuhe. Es dürfte sich daher um eine im 17. Jahrhundert übliche Scheinbestattung gehandelt habe.

Im Jahre 1922 kam es zu einer Öffnung der Gruft in der Sixtuskapelle im Passauer Dom, um sicherzustellen, dass sich dort tatsächlich die Leiche des Grafen Georg Reinhard befand. Die zuständige Kommission hielt in einem Protokoll fest: *Am Ende des Gewölbes sitzt auf einem gut gepolsterten Lehnstuhl ein gut gekleideter Leichnam, der aber samt Kleidung schon stark in Verfall übergegangen und auf einen Haufen zusammengesunken ist.*

Somit gilt als erwiesen, dass der Ortenburger Graf tatsächlich dort beerdigt wurde.

Nach Georg Reinhards Tod wurde sein Bruder Christian der Vormund seiner Kinder, des verwaisten Georg Philipp und seiner zwei Schwestern, und erwartete, dass der 11-jährige Junge als nächster amtierender Graf zum katholischen Glauben wechselte. Die Witwe Georg Reinhards, Gräfin Esther Dorothea, war damit aber nicht einverstanden und bat den Hofmeister, mit den Kindern nach Regensburg zu reisen. Ihr Schwager muss jedoch von der geplanten Flucht erfahren haben und ritt mit ein paar Gefolgsleuten hinterher, bis er sie etwa auf halbem Weg einholte. Er brachte Georg Philipp und die beiden

Mädchen nach Ortenburg zurück und wollte noch am selben Tag den Habsburger Kaiser Leopold I. per Eilboten über die Vorkommnisse in Kenntnis setzen lassen.

Die Gräfin fürchtete den Verlust des Sorgerechts und plante mit ihren Räten im Geheimen, erneut mit den Kindern das Schloss zu verlassen. Innerhalb nur weniger Stunden brach sie mit ihrem Sohn und den beiden Töchtern auf, floh nach St. Nikola bei Passau und fuhr danach weiter auf der Donau bis nach Linz. Dort führte ihr Weg weiter über Salzburg und Tirol bis in die freie Reichsstadt Ulm, wo sich Esther Dorothea mit dem evangelischen Herzog Eberhard III. von Württemberg traf. Der Edelmann erklärte sich bereit, die Vaterrolle für die protestantischen Kinder zu übernehmen, übergab die beiden Mädchen seiner Gattin und übernahm die erzieherische Ausbildung von Georg Philipp zum zukünftigen Regenten von Ortenburg. Währenddessen suchte Graf Christian die Familie seines Bruders vergeblich in Regensburg.

Kaiser Leopold I. jedoch entzog Herzog Eberhard die Vormundschaft wieder und übertrug das Sorgerecht und die Verwaltung des familiären Vermögens nun offiziell auf den Onkel der Kinder. Alle weiteren Versuche von Esther Dorothea, gegen dieses Urteil anzukämpfen, schlugen fehl. Trotz allem musste Georg Philipp nicht in die Heimat zurückkehren, sondern durfte bis zu seiner Volljährigkeit in der Obhut des württembergischen Herzogs bleiben, der ihn als Protestanten aufwachsen ließ. Somit erfüllte sich die Hoffnung seines Onkels, der den Jungen zwangskonvertieren wollte, auf eine Glaubensumstellung in Ortenburg nicht.

Im Jahr 1801 gelangte Graf Joseph Carl von Ortenburg an die Herrschaft, der sie nach Georg I. und Joachim als dritter in seiner Familie zu verkaufen versuchte, was drei Jahre später nach zähen Verhandlungen auch gelang. Der Käufer, das Kurfürstentum Bayern, übernahm dafür die familiären Schulden und der Edle bekam zusätzlich das ehemalige Klosteramt

Tambach geschenkt, dessen offizielle Regentschaft er 1806 übernahm. Im Schloss wurden die Finanzverwaltung des Landes und ein Kornspeicher eingerichtet.

Von der Übernahme und Umfunktionierung des Prachtbaus waren vor allem die Angestellten nicht begeistert – noch Jahre später hielten ehemalige Beamte des Hofs nach außen ihren Status aufrecht, indem sie livriert, mit dem Dreispitz am Kopf und silbernem Knauf am Stock sonntags in die Kirche gingen.

Als es von staatlicher Seite Überlegungen gab, das mittlerweile baufällige Schloss abzubrechen, kam es zum Aufstand in Ortenburg. Die Bürger des Orts befürchteten, ihr Wahrzeichen zu verlieren, und wandten sich mit ihrer Sorge an das alte Herrschergeschlecht. Und so kaufte Graf Joseph Carl im Jahr 1827 die Stammburg seiner Familie, eine mittlerweile stattliche dreigeschossige Vierflügelanlage, wieder zurück. Ende des 19. Jahrhunderts wurde die Ruinen der ehemals benachbarten und später erbauten Festung Neu-Ortenburg von französischen Truppen in den Napoleonischen Kriegen zerstört.

Beide Wehranlagen waren unter den Grundmauern über ein weit verzweigtes Tunnelsystem miteinander verbunden, das die Bewohner beider Ortsteile noch bis in die 1960er-Jahre als Abkürzung verwendeten. Im Zweiten Weltkrieg dienten die unterirdischen Gänge als Versteck vor den feindlichen Truppen. Heute sind die Eingänge zum Tunnelnetz, das für unbenutzbar erklärt wurde, verschüttet.

Zwischen 1971 und 1991 fanden aufwändige Renovierungsarbeiten des ruinösen Schlosses statt, im Anschluss daran wurden einige Räume als Museum der Öffentlichkeit zugänglich gemacht. In den Gewölben entstand eine Gaststätte und auf dem Gelände des ehemaligen Ziergartens wurde durch einen Nachfahren von Joseph Karl von Ortenburg, Graf Alram, ein Wildpark eingerichtet. Er ließ außerdem den etwa 900 Jahre alten Brunnen vor dem Portal des Schlosses wieder instandsetzen. Im Jahr 2004 wurden bei Grabungen Mauerreste des

Orangerie im ehemaligen Ziergarten von Graf Friedrich Casimir entdeckt.

Das TV-Team der Mystery-Serie „Haunted – Seelen ohne Frieden" (Staffel 1, Folge 6) hat bereits in der Anlage gedreht und sich von drei Personen ihre Spukerlebnisse schildern lassen.

***

Ein Zeuge von Geistersichtungen auf dem Schloss ist Wolfgang Ziermaier, Lagerist aus Ruhstorf an der Rott. Nachdem er und seine Gattin Bianca geheiratet hatten, lebten die beiden noch etwa ein Jahr lang in Ortenburg, bevor sie wegzogen. Im April 2015 kam das Ehepaar auf Urlaub zurück, um im Schloss zu Abend zu essen und danach an einem geführten nächtlichen Streifzug durch die Räumlichkeiten teilzunehmen.

In einem der Zimmer, unter Umständen die Kinderstube von Georg Philipp, erblickten sie ein Schaukelpferd und ein altes Kasperltheater. In dem Moment, als sich Wolfgang die kleine Bühne ansah, wurde er von hinten in den Oberschenkel gezwickt – zu sehen war aber niemand und er befand sich zu diesem Zeitpunkt mit Bianca alleine in dem Raum. Später fand er an der Stelle, an der er die unangenehme Berührung gespürt hatte, einen roten Fleck auf der Haut.

In Anschluss an die Besichtigung besuchten sie auch die alte Schlosskapelle, wo der Mann einen vorbeihuschenden dunklen Schatten im Augenwinkel wahrnahm und ein gequältes Seufzen hörte. Es geschah in einem niedrigen Raum mit Gewölbedecke, in dem vorwiegend Bauerngeräte und Handwerkszeug aus der ehemaligen Grafschaft ausgestellt waren, beispielsweise eine Heugabel, ein Waschzuber oder eine Weinkelter. Plötzlich sah das Ehepaar einen schemenhaften Mann ohne Beine mit Hut und flatterndem Umhang, der sich mit weit von sich gestreckten Armen vor ihnen auf der weißen Mauer über ihre Köpfe erhob.

Angeblich handelt es sich bei dieser Erscheinung um Graf Georg Reinhard, der den Ort seiner größten Demütigung nie verlassen hat. Es wird gemutmaßt, dass sich dieser würdelose Umgang mit dem Verstorbenen, der 13 Jahre lang auf einem Stuhl sitzend mitten im Schloss verweste, traumatisierend auf seine Seele ausgewirkt hat und ihn als ruhelosen Geist an das Gemäuer gebunden hat. Zusätzlich existiert noch die Vermutung, dass Satan höchstpersönlich in das geisterhafte Treiben involviert ist: Er soll Graf Georg Reinhard, nachdem seine erste Tochter und sein erster Sohn im 1645 und 1647 noch am Tag ihrer Geburt verstorben waren, versprochen haben, dass ihn drei seiner nächsten Nachkommen überleben. Dafür würde er seinen Körper 1666, im Jahr mit der Teufelszahl, holen und seine Seele für immer im Schloss bannen. Und genauso scheint es geschehen zu sein, denn der Ortenburger Graf verstarb tatsächlich in besagtem Jahr und taucht in dem ehemaligen Anwesen seiner Familie offenbar tatsächlich als Geist auf!

Neben Wolfgang Ziermaier und seiner Gattin berichten aber auch noch andere Besucher über paranormale Phänomene hinter den herrschaftlichen Mauern. So zum Beispiels Sarah Hahn, Modedesignerin aus Sulzbach-Rosenberg, die bei einem Besuch mit ihrer Freundin Julia den Geist von Esther Dorothea wahrgenommen hat.

Als ihre Freundin die vergessene Kamera aus dem Hotel holen ging, wollte sie sich in der Zwischenzeit alleine umsehen und betrat dabei den Hochzeitssaal. Sie sah dort in der ersten Reihe eine Frau auf einem Stuhl sitzen, die ein schwarzes Kleid und einen Schleier trug. Als sie freundlich grüßte, erhielt sie keine Antwort und ging anschließend nach vorne, um in einem Spiegel ihre Garderobe zu richten. Dabei musste sie erkennen, dass das Wesen, dem sie den Rücken zugedreht hatte, von einem auf den anderen Moment direkt hinter ihr stand. Die junge Frau fühlte, dass sie sich nicht umwenden durfte, wenn sie ungeschoren davonkommen wollte, und lief aus dem Raum. Sie ist sich bis heute sicher, dass sich unter dem schwarzen Schleier, unter dem sie nur schemenhaft ein hageres Gesicht wahrnehmen konnte, etwas Böses verbarg.

Offenbar lebt auch die Witwe, die zuerst zusehen musste, wie ihr Mann auf einem Stuhl verrottete und danach nicht nur ihr Zuhause, sondern auch das Sorgerecht für ihre drei Kinder verlor, noch immer auf dem Schloss und verteidigt ihren Raum. Ihre Seele wird so lange trauern, bis sie irgendwann Erlösung findet.

Auch andere Personen haben im Rahmen von Führungen oder Museumsbesuchen auf Schloss Ortenburg diverse Schattenphänomene wahrgenommen – nichts Ungewöhnliches in jahrhundertealten Bauwerken, bedenkt man die schaurigen Vorkommnisse hinter den dicken Mauern und die tragischen Geschichten der Bewohner.

Zudem existieren Berichte aus dem Kreis der Einheimischen über grausame Folterungen von Menschen, vorgenommen von den Mitgliedern einer Geheimgesellschaft im Rahmen ihrer Zeremonien, die heute als Geister orientierungslos und blutbesudelt durch die Gänge wanken.

Es gibt auf dem Schloss darüber hinaus angeblich auch ein akustisches Phänomen, das in regelmäßigen Abständen auftaucht: Gehört wird von manchen Gästen eine helle Kinderstimme, die lacht oder singt.

Galgenbichl (Stadt Schongau)

Geister von gefolterten Hexen und erschossenen Aussiedlern

Die Stadt Schongau liegt zum größten Teil am Westufer des Lechs in der Region Pfaffenwinkel im Landkreis Weilheim-Schongau. Die mittelalterliche Altstadt befindet sich auf einem Hügel, der von einer bis heute fast vollständig erhaltenen Stadtmauer aus dem 14. Jahrhundert umgeben ist. Dieser wurde früher beidseitig vom Lech umflossen, weshalb man ihn auch Lechumlaufberg nennt.

Der Beleg, dass Schongau bereits im Jahre 1304 bestanden haben muss, findet sich bei keinem Geringeren als Walther von der Vogelweide. Der Minnesänger hatte in einer seiner Reisebeschreibungen vermerkt, dass er mit Schongauer Geld bezahlt wurde.

Anfang des 15. Jahrhunderts ging es mit der Stadt bergauf: Es entstanden zahlreiche neue Gebäude, die Bewohner legten weitere Äcker an und die Stadt erhielt das „Recht auf Lager" und durfte somit Reisende beherbergen. Die Eroberung Konstantinopels im Jahre 1453 machte zudem eine Verlegung der bis dahin bestehenden Handelsroute ins Heilige Land notwendig, woraufhin in der Folgezeit Pilger und Handelsleute auf dem Weg von Augsburg nach Venedig auch durch Schongau zogen. Besitzer der Herrschaft waren die bekanntesten Blaublütler jener Zeit, nämlich Adelige aus den Geschlechtern der Welfen, Staufer und Wittelsbacher.

In der bayerischen Stadt am Lech stehen noch heute viele alte Gebäude, zum Beispiel das Münzhaus aus dem Jahr 1332 und das 1420 erbaute Ballenhaus. Bereits im 13. Jahrhundert entstand der Polizeidienerturm, der zum Wohnturm umfunktioniert wurde, nachdem er seine Funktion als Wachturm in der Stadtmauer verloren hatte. 1787 hat er das Oktogon mit Zeltdach erhalten, und im 19. Jahrhundert beherbergte er den städtischen Polizeidiener.

Der Galgenbichl, auf dem in vergangenen Zeiten die Hinrichtungen stattfanden, befindet sich am nördlichen Stadtrand hinter dem Kreiskrankenhaus, einige hundert Meter von der B 17 entfernt.

Wie der Name schon sagt (Bühel, Bichl = Hügel) liegt dieser schauerliche Ort, mit einem meterhohen Holzkreuz markiert, auf einer Anhöhe, auf der bis ins 19. Jahrhundert zum Tode verurteilte Mörder, Straßenräuber und Hexen öffentlich hingerichtet wurden. Oft hingen die sterblichen Überreste anschließend zur Abschreckung für das Volk noch tagelang am Strick, während ihnen Raubvögel die Augen auspickten und das Fleisch zu modern begann. Im Mittelalter galt dieser Platz als verflucht, wer nicht unbedingt hinaufmusste, mied den Hügel – außer, er wollte sich ein makabres Souvenir besorgen.

Im 17. Jahrhundert soll auf dem Galgenbichl in Schongau Magdalena, die Tochter des Henkers, auf Befehl des Hohen Rats von ihrem eigenen Vater exekutiert worden sein, nachdem sie ihr uneheliches Kind getötet hatte.

In die Geschichte der Stadt sind zwei Scharfrichter besonders eingegangen. Bei dem einen handelte es sich um Jörg Abriel, der im Schongauer Hexenprozess von 1589 bis 1591 über 48 Frauen köpfte sowie auch im Umland „verdächtige Weibspersonen“ ausfindig machte und folterte. Der andere war sein Enkel Jakob Kuisl, der den Beruf im 17. Jahrhundert ausübte und eine Henkerdynastie begründete, die bis ins 19. Jahrhundert als Scharfrichter in Schongau und in weiten Teilen Bayerns wirkte. Das Original-Richtschwert dieser Familie wurde in den 1970er-Jahren aus dem örtlichen Stadtmuseum gestohlen.

Aus alten Unterlagen weiß man, dass das Abtrennen des Kopfes häufig sehr grausam für den Delinquenten verlief. Um das Lampenfieber zu bekämpfen – immerhin standen Henker auf einer Art Bühne vor einem großen Publikum – tranken die Männer unmäßig. Sicher auch, um die psychische Belastung, welche die Tötung eines Menschen mit sich brachte, zu reduzieren. Auf die körperliche Verfassung wirkte sich der Alkohol allerdings weniger günstig aus. Daher blieb es nicht aus, dass so mancher Scharfrichter ein wahres Massaker veranstaltete, wenn er nicht gleich den ersten Schwerthieb korrekt zwischen zwei Halswirbeln platzierte und der Kopf nicht sofort abgetrennt wurde. Auch Jörg Abriel und Jakob Kuisl bildeten dabei keine Ausnahmen und betraten die Richtstatt nur selten nüchtern und ohne zu schwanken.

Im 16. Jahrhundert hatte das Henkersgewerbe Hochkonjunktur – von Jörg Abriel weiß man, dass er mit der Kutsche in Begleitung seiner Ehefrau und zweier Diener wie ein Edelmann durchs Land reiste. Seine Dienste wurden in nahezu ganz Bayern und auch in München in Anspruch genommen, wo er stets feudal bewirtet wurde. Bei einem Abschiedstrunk in Garmisch flossen einmal 29 Liter Wein, wie eine Gaststättenrechnung belegt. Abriel war vor allem auch deshalb so gefragt, da ihm die Fähigkeit zugeschrieben wurde, echte Hexen von unechten unterscheiden zu können. Der sadistische Freimann spielte sich dabei gerne als Herr über Leben und Tod auf und unterzog unzählige unschuldige Frauen der „scharfen Marter".

Neben den Hinrichtungen, mit denen Scharfrichter zwischen fünf und zehn Gulden pro Enthauptung, Verbrennung oder Rädern verdienten, lebten Henker von der Tätigkeit als Wasenmeister, die Straßen und Plätze von toten Tieren, Müll und Fäkalien befreiten. Zudem waren sie für die Folter zuständig – für das „Torquieren" einer Hexe erhielt Jakob Kuisl zwei Gulden und 30 Kreuzer, für das Abschneiden der Zunge zwei Gulden und für das Zangenzwicken pro Griff einen Gulden und acht Kreuzer. Er verkaufte darüber hinaus Alternativmedizin an Apotheken, etwa „Menschenschmalz", das er aus dem Fett der Hingerichteten gewann und das unter anderem gegen Rheuma und Schwindsucht helfen sollte. Darüber hinaus konnte das Blut geköpfter Delinquenten angeblich den Allgemeinzustand verbessern, Sperma von Gehenkten die Potenz steigern.

Seinen Urenkel, Johann Adam Kuisl, haben einmal eben aus diesem Grund die ansässigen Ärzte in Schongau als Quacksalber beschimpft und er wurde vom Gericht zu mehreren Wochen Gefängnis verurteilt.

Der Scharfrichter besaß in der Regel ein Haus außerhalb der Stadt und wurde von der Bevölkerung gemieden. Sein Anblick brachte Unglück, eine versehentliche Berührung des Henkers kam einem Todesurteil gleich. Betrat der Mann eine Gaststätte, musste er die anwesenden Gäste fragen, ob er Platz nehmen durfte – und es war ein gewohnter Anblick, dass der Scharfrichter seine Zeit in der Gaststube alleine und mit einem eigenen Bierkrug, aus dem keine andere Person trank, zubrachte. Er durfte zudem kein Ehrenamt bekleiden, an keiner christlichen Zeremonie teilnehmen, nicht das Betätigungsfeld wechseln und niemanden aus einer anderen Zunft heiraten. Der Scharfrichter teilte das Los des „unehrenhaften" Parias übrigens unter anderen mit Schaustellern, Badern und Gerichtsdienern.

In Schongau wurden laut alten Aufzeichnungen im Mittelalter etwa 60 „Hexen" gequält und zu Geständnissen gezwungen, 13 davon fanden auf dem Galgenbichl den Tod.

An derselben Stelle fand am 24. April 1970 der „Jahrhundertemord von Schongau" statt. Wo heute Spaziergänger und Wanderer Rast machen und einen wunderschönen Blick über das Umland genießen, hat sich an einem kühlen Abend im Frühling ein unfassbar grausames und mysteriöses Verbrechen ereignet.

Auf dem Galgenbichl stand damals eine Baracke für Aussiedler, in der sich zum Zeitpunkt der Tat sechs Menschen aufhielten. Zwei davon, die ukrainischen Eheleute Konstantin und Warwara Baryszow, 64 und 56 Jahre alt, töteten ohne ersichtlichen Grund ihre Mitbewohner: ein weiteres Ehepaar und zwei Männer. Nach der Tat erschoss der Mann seine Gattin und danach sich selbst. Gehört hatte die Gewehrsalven niemand, daher wurden die Leichen erst zwei Wochen später entdeckt. Den Beamten, die als erstes am Tatort eintrafen, bot sich bei der Ankunft ein Bild des Schreckens.

In den Schonbauer Nachrichten Nr. 95 vom 25. April 1970 hieß es in dem Bericht über den „Jahrhundertmord", dass der Galgenbichl einem Schlachtfeld glich und unbekannte Täter womöglich flüchtig wären.

Die ganze Wahrheit fanden die Ermittler erst nach umfangreichen Untersuchungen heraus: Konstantin lebte in dem Wahn, seine Mitbewohner seien KGB-Agenten und trachteten ihm nach dem Leben. Seit jeher verfolgte die Eheleute eine paranoide Angst vor russischen Agenten

Am 29. April wurden die sechs Toten auf dem Friedhof in Schongau-West beerdigt – die Opfer in einem Gemeinschaftsgrab, das mit Gebinden geschmückt wurde, in einem anderen das Täterehepaar, das ohne *Blumenschmuck blieb.*

Beide Gräber wurden 1982 aufgegeben. Auf der alten Ruhestätte der Baryszows ließ die Stadt einen Baum pflanzen. Die Baracke auf dem Galgenbichl, in der sich das Blutbad ereignete, ist mittlerweile abgerissen.

***

Der Versuch, mit dem übergroßen Holzkreuz den Galgenbichl energetisch zu „neutralisieren und altes Unrecht wieder gut zu machen, ist allerdings nicht aufgegangen. Besucher dieses von Tränen und Blut getränkten Bodens sprechen von negativen Schwingungen, die sogar Kompasse verrücktspielen lassen.

Ein Medium, das versucht hat, die gequälten Seelen zu erlösen, kam an seine Grenzen und berichtete: „Der Ort verströmt durch die jahrhundertelangen Grausamkeiten, die dort geschehen sind und mit dem Mord im Jahr 1970 ihr bisheriges Ende fanden, eine schauerliche Gnadenlosigkeit und Niedertracht. Die vielen Frauen, die von den Henkern gefoltert und danach an der Richtstatt geköpft wurden, geistern nach wie vor an dieser Stelle herum. Aber auch einige der Verbrecher, die hier den Tod fanden, sind als feinstoffliche Existenz hiergeblieben.

Die Energie am Galgenbichl fühlt sich an wie ein pulsierendes Gemisch aus Hass, Vergeltungsdurst und Leid. Ich habe es nur etwa zehn Minuten ausgehalten, dann musste ich diesen Platz verlassen. Die anwesenden Geister wollen nicht gehen und haben auch versucht, mich zurückzuhalten. Einige von ihnen fordern Wiedergutmachung, andere beteuern in einer Art eines Mantras immer wieder ihre Unschuld, wieder andere geifern bösartig und werfen mit unflätigen Ausdrücken um sich. Ich habe selten an einem Ort eine so ungute Stimmung aus einer anderen Dimension wahrgenommen."

Allerdings soll laut einigen älteren Bewohner Schongaus auch noch eine ganz bestimmte Person auf dem „verfluchten Hügel" spuken, und zwar Jörg Abriel. Der Freimann, der einst in einem Haus im Gerberviertel in der Lechvorstadt wohnte, soll häufig nachts Frauen aus seiner Nachbarschaft auf den Galgenbichl geschleppt haben, um ihnen dort Angst einzujagen. Betrunken zog er sie teils an den Haaren den Hügel hinauf oder trieb sie schimpfend vor sich her, ließ sie bei der Richtstatt niederknien und schwören, sich nicht mit dem Teufel einzulassen. Es gibt auch Hinweise darauf, er könnte sie mit der Drohung, sie als Hexen ihrer gerechten Strafe zuzuführen, sexuell genötigt haben.

Jörg Abriel erscheint hin und wieder als Geist am Galgenbichl, heißt es, um als fanatischer Frömmler vor dem Kreuz niederzuknien und scheinheilig seine Sünden zu beichten.

Danach würde er böse grinsend wieder ins Erdreich sinken und verschwinden, als wäre er Satan selbst. Menschen, die ihn zufällig dabei beobachteten, wurden mehrere Wochen lang von schrecklichen Albträumen geplagt. Eine junge Frau musste sogar in die Psychiatrie eingeliefert werden, in der sie zwei Jahre therapiert wurde, damit sie dieses schreckliche Ereignis vergessen konnte.

Aber auch der „Jahrhundertmord" aus dem Jahr 1970 hat seine Spuren in der feinstofflichen Atmosphäre auf dem Platz hinterlassen. Feinfühlige bzw. hellsichtige Besucher der Anhöhe hinter dem Kreiskrankenhaus berichten von Blutgeruch in der Luft, Schüssen, die zu hören seien, Gewehrkugeln, die ihnen um die Ohren pfeifen, und dumpfe Schreie, die klingen, als würden sie unter Wasser ausgestoßen.

Es wird wohl noch sehr viel Zeit vergehen müssen, bevor die Aura dieses Orts reingewaschen ist von all dem Leid, das Menschen hier widerfuhr.

Kaufbeuren (Stadt Kaufbeuren)

Lebhafter Spuk an allen Ecken

Nach einer ersten Besiedlung bereits in der Jungsteinzeit wurde die Stadt am Rand des bayerischen Allgäus mit dem Einmarsch der Römer erstmals 15 v. Chr. administrativ erfasst. Nachdem die letzte Legion das Gebiet im Jahr 401 verlassen hatte, ließen sich dort die Alemannen nieder, anschließend kamen die Franken.

Das erste Gebäude im heutigen Kaufbeuren war ein Mitte des 8. Jahrhunderts erbauter Reichshof, der als Verwaltungssitz diente und von dem aus die Kolonialisierung des Umlands organisiert wurde. Das Anwesen wurde Ende des 11. Jahrhunderts vom Adelsgeschlecht der Freiherrn von Buron, später Beuren genannt, übernommen, es folgten die Welfen und 1191 die Staufer.

Im Jahr 1286 erhielt die beständig wachsende Ortschaft vom Habsburgerregenten Rudolf I. das Privileg der freien Reichsstadt, die im Anschluss mehrfach belagert und deren Bevölkerung durch drei Pestepidemien immer wieder dezimiert wurde.

Im Jahr 1939 baute man zur Zeit des NSDAP-Regimes in einem Waldgebiet nordöstlich von Kaufbeuren auf dem Gelände der ehemaligen Baumwollspinnerei eine Munitionsfabrik der Dynamit AG auf. In dem Werk hat man Zwangsarbeiter aus dem nahegelegenen Lager Riederloh, einer Außenstelle des KZ Dachau, beschäftigt. Ab Mai 1944 wurden in den Hallen bis zu 600 Häftlinge einquartiert, die Ersatzteile für Rüstungsgüter herstellen mussten.

Eine ähnlich düstere Vergangenheit weist die seit 1876 bestehende psychiatrische Klinik von Kaufbeuren auf. Diese befindet sich nordwestlich der Innenstadt auf dem Areal des Stammsitzes einer früher ansässigen Adelsfamilie, den Ende des 12. Jahrhunderts ein Markgraf von Ronsberg in ein Kloster umgewandelt hat. In dem heutigen Gebäude wurden während der nationalsozialistischen Gewaltherrschaft unter der Leitung des Krankenhausdirektors Valentin Falthauser etwa 2000 psychisch kranke Kinder, Frauen und Männer ermordet.

Zu Beginn des Jahres 1940 erhielt der Mediziner erstmals eine Liste mit den Namen jener Patienten, die in festgelegte Reichsanstalten überführt und dort schließlich mit Gas getötet werden sollten. Es handelte sich dabei um eine Maßnahme im Zuge der Aktion T4 – eine nach 1945 gebräuchlich gewordene Bezeichnung für die systematische Tötung von mehr als 70.000 Menschen mit diversen Behinderungen in Deutschland von 1940 bis 1945 unter der Leitung der Zentraldienststelle T4.

In dem Krankenhaus wurden zudem zwischen 1942 und 1944 medizinische Versuche an körperlich und geistig beeinträchtigten Kindern durchgeführt, um einen Impfstoff gegen Tuberkulose zu finden. Für einige der jungen Patienten führten die Experimente mit verschiedenen Substanzen zum Tod.

Ende April 1945 besetzten amerikanische Truppen Kaufbeuren, griffen aber noch nicht in die Vorgänge der Anstalt ein. Als sie jedoch erfuhren, dass dort angeblich Kinder getötet wurden, stürmten am 1. Juli 1945 drei Soldaten und ein Fotograf das Krankenhaus und beendeten das grausame Treiben.

An die Opfer erinnert seit 1989 ein Gedenkstein hinter der Klosterkirche der Anstalt.

Materielle Schäden gab es in der Stadt Kaufbeuren nach dem Zweiten Weltkrieg kaum zu beklagen. Sogar die Munitionsfabrik blieb wie durch ein Wunder verschont: Waren Luftangriffe geplant, zog jedes Mal Nebel auf, sodass die Flüge entweder von vornherein abgesagt wurden oder die Piloten kurz vor dem Ziel umkehrten.

Nach dem Einmarsch der Amerikaner übergab der damalige Bürgermeister die Stadt kampflos, woraufhin die Soldaten in einer ersten Maßnahme die Hallen sprengten, in denen bis zuletzt KZ-Häftlinge ihrem Schicksal ausgeliefert waren. Ab dem Frühjahr 1946 entstand auf den Trümmern des Rüstungsbetriebs der heutige Stadtteil Neugablonz.

In Kaufbeuren existieren viele, vor allem ältere Sehenswürdigkeiten, etwa das um 1250 gegründete Kloster Kaufbeuren und der Fünfknopfturm als einstiger Wehrbau, heute das Wahrzeichen der Stadt. Es stehen auch noch vier weitere Türme sowie ein Zollhäuschen aus der ehemaligen Stadtmauer, die teilweise im Bauzustand des Spätmittelalters bewahrt werden konnten.

Mittelpunkt eines ungelösten Geheimnisses ist die örtliche Blasiuskirche, deren Vorgängerbau die Burgkapelle eines im 9. Jahrhundert errichteten riesigen Schlosses der Edlen von Kaufbeuren gewesen sein soll. Belegt wird diese These durch den Fund eines menschlichen Wadenbeins bei Grabungen im Jahr 1950, das auf die Existenz einer uralten Gruft hindeutet.

***

In der Stadt Kaufbeuren spukt es gleich mehrfach. So wurden Geistergeräusche aus dem Hexenturm gemeldet. In dem trafen sich einst nachts die weisen Frauen des Orts, die von den anderen Einwohnerinnen, die nicht zu dem Zirkel gehörten, eifersüchtig bespitzelt und als Hexen bezeichnet wurden. Darauf hingedeutet hat die alte Bezeichnung „Zum Rosengarten", die jedoch nie etwas mit der Blume zu tun hatte, sondern –wie etwa bei dem sagenhaften Zwergenkönig Laurin – auf einen magischen Platz hinwies. Manches Mal soll zu dunkler Stunde immer noch hinter den dicken Mauern ein Klirren, Flüstern und Lachen zu hören sein. Es heißt, dass sich die „Teufelsweiber" noch heute in dem Turm versammeln, um über verschiedenste Probleme zu diskutieren und Lösungen zu beratschlagen – vor allem dann, wenn es auch seitens der Stadt Uneinigkeiten in der Verwaltung oder Bevölkerung gibt. Dabei erklingen hin und wieder auch ganz harmonische Töne, so wie damals, als die Frauen während ihrer Treffen zwischendurch musizierten.

Zu diesem Bund gehörte auch Ursula Grünin, die im Alter von 80 Jahren „des Paktierens mit Satan" bezichtigt, eingesperrt und gefoltert wurde. Sicher ihrer „angenommen" hat sich der Henker Johannes Kuisl aus Schongau, der Urenkel von Jörg Abriel. Die alte Dame wurde im Jahr 1694 in Augsburg hingerichtet, es handelte sich bei ihr um das letzte Opfer der Hexenverfolgung im bayerischen Allgäu.

Auch bei der Blasiuskirche, einem uralten Gotteshaus mit zahlreichen erhaltenen historischen Gegenständen und Gemälden, soll es zuweilen spuken. In einer Sage heißt es: *Einmal ging da nachts einer, der im Wirtshaus etwas schief geladen hatte, laut lärmend vorüber. Da gemahnte ihn der gestörte Geist zur Ruhe und rief ihm mit hohler Stimme zu: „Der Tag ist dein, die Nacht ist mein!"* Gegenwärtig wird im Zusammenhang mit der Blasiuskirche über übersinnliche Wahrnehmungen bei den alten Bildern an den Wänden berichtet. Es sollen geisterhafte, durchscheinende Wesen aus den Rahmen steigen, sich im Innenraum des Gotteshauses verteilen, um sich kurze Zeit später zu verflüchtigen.

In früheren Zeiten spukte es auch im Kaisergässle zu gewissen Stunden der Nacht. Es war ein fürchterliches Kettengerassel zu hören, von dem es hieß, dass das Geräusch von einem Geiste herrühre, der hier durchziehe. Heute sprechen die Bewohner der Gasse von Phänomenen, wie wenn hin und wieder ein unsichtbares Wesen an ihnen vorbeiliefe und sie berühre oder „anhauche".

Eine weitere Sage, entnommen dem Buch „Sagen, Gebräuche und Sprichwörter des Allgäus" von Karl August Reiser, lautet: *Zur Zeit, als um die St. Martins-Pfarrkirche in Kaufbeuren noch ein Friedhof war, spukte auf demselben nächtlich zu gewissen Zeiten ein Geist, der in Schlappschuhen daher hutschte, und den man deshalb den „Schlorggerʺ nannte. Er ging gewöhnlich um die Kirche herum, während das Innere derselben hell erleuchtet war und man schönen Gesang aus derselben vernahm. Viele fürchteten den Schlorgger sehr und wären um keinen Preis des Nachts auf den Kirchhof zu bringen gewesen. Als dann später der Platz für den Friedhof zu klein geworden war, hat man diesen vor die Stadt hinaus verlegt und seitdem ist auch der Schlorgger verschwunden.* Einige Leute aus Kaufbeuren behaupten, den Geist zu kennen und in ihrer Kindheit häufiger gesehen zu haben.

Ebenso soll es auf dem Weg von Oberbeuren Richtung Friesenried gruselig zugehen. Kommt man zum Ortsteil Steig, wo ein versunkenes Schloss existieren soll, begegnet man nachts unter Umständen dem „Grundmetzger“. Es handelt sich dabei um einen großen schwarzen Mann ohne Kopf, der Spaziergänger einen Teil der Strecke begleitet und danach auf ebenso mysteriöse Art verschwindet, wie er zuvor aufgetaucht war. Daher kommt es, dass vor allem die älteren Bewohner der Region diesen Weg nach Einbruch der Dunkelheit nicht mehr nehmen wollen.

Und auch die Seelen einiger Opfer des ehemaligen Krankenhausdirektors Valentin Falthauser, der während des NS-Regimes zahlreiche „unwürdige Leben“ gewaltsam beendete, sind an die Stadt gebunden. Bei der Gedenktafel seien an manchen Tagen zusammengekauerte, spindeldürre Gestalten zu sehen, die anklagend Richtung Klinik blicken, heißt es.

Zuletzt sei auf ein Phänomen eingegangen, das sich ebenfalls im Zweiten Weltkrieg ereignete und bis heute Spuren hinterlässt: Im Stadtteil Neugablonz, wo sich einst das Werk befand, in der KZ-Häftlinge Zwangsarbeit leisten mussten, spuken von Zeit zu Zeit „Gestalten aus weißem Dunst“ durch die Straßen.

Angeblich handelt es sich dabei um dieselben bösen Geister, die während der Schlachten für Nebel sorgten, dass die Munitionsfabrik von den Kampffliegern aus nicht zu sehen war und somit nicht beschossen werden konnte.

Hinterkaifeck (Gemeinde Waidhofen)

Die traurigen Gestalten mit den blutenden Köpfen

Bei dem nicht mehr existenten Hof Hinterkaifeck handelt es sich um den Tatort eines bis heute unaufgeklärten Mehrfachmordes im Jahr 1922, der seither mehrfach verfilmt, literarisch und musikalisch verarbeitet sowie für die Bühne inszeniert wurde. Und das ist kein Wunder, bietet dieses reale Verbrechen doch einen derart schaurig-mysteriösen Stoff, wie ihn kein Künstler besser hätte erfinden können.

Das Gehöft mit der Hausnummer 27 ½ lag ab dem Zeitpunkt seines Erbauens im Jahr 1863 bis zu seinem Abriss 1923 nahe dem Dorf Gröbern, heute ein Teil der Gemeinde Waidhofen im Landkreis Neuburg-Schrobenhausen. Es befand sich mitten in der Einöde auf dem Gebiet der damaligen Gemeinde Wangen – es gab keine Nachbarn, keine Besucher und auch kaum Fahrzeuge, die in der Nähe vorbeikamen. Es hörte daher auch niemand die Schreie der sechs Bewohner, denen in der Nacht vom 31. März auf den 1. April 1922 mit einer Hacke die Schädel zertrümmert wurden.

Bei den Opfern handelte es sich um das Bauernehepaar Andreas und Zäzilia Gruber, 64 und 73 Jahre alt, dessen verwitwete Tochter Viktoria Gabriel, deren Kinder Josef und Zäzilia, genannt Zili, sowie die 55-jährige Magd Maria Baumgartner aus Kühbach.

Die Hinterkaifecker waren im Dorf nicht sehr beliebt, sie lebten zurückgezogen, galten als verschroben und geizig. Zudem kam später heraus, dass Andreas Gruber und seine Tochter Viktoria seit etwa ihrem 16. Lebensjahr eine sexuelle Beziehung führten. Die beiden waren bereits im Jahr 1915 dafür verurteilt worden, der Inzest ging danach aber weiter, was eine Magd bestätigte, die sie einmal zusammen im Heu erwischt hatte. Lorenz Schlittenbauer zeigte den alten Bauern im Jahr 1919 wegen Blutschande an, nachdem der die Ehe zwischen ihm und seiner Tochter verboten hatte, und leugnete, der Vater des kleinen Josef zu sein. Nachdem er seine Anschuldigungen danach wieder zurücknahm, kam es zu keiner weiteren Verurteilung von Andreas Gruber. Drei Jahre später wurde die gesamte Familie ausgelöscht.

Bereits vor der Tat kam es zu einigen merkwürdigen Vorfällen auf dem Hof Hinterkaifeck, die den Ermittlern nach dem Verbrechen Rätsel aufgaben und einigen von ihnen Gänsehaut verursachten. Später sollten die Berichte über diese Ereignisse so manch einen Bewohner des Umlands davon überzeugen, dass an diesem Ort böse Geister ihr Unwesen trieben, deren negative Energien auch für die Morde verantwortlich waren.

Mitte März 1922, also etwa zwei Wochen vor der Tat, fand Andreas Gruber eine Münchner Zeitung in der Nähe seines Gehöfts, die laut dem Postboten aber niemand in der Gegend abonniert hatte. Danach sahen das Ehepaar und ihre 35-jährige Tochter mehrfach einen Mann mit Schnauzbart am Waldrand stehen, der den Hof beobachtete.

Einige Tage vor der Tatnacht entdeckte der Bauer Spuren im Schnee, die zum Haus hin, aber nicht mehr wegführten, zudem vermissten die Bewohner einen Haustürschlüssel und hörten in der Nacht Schritte auf dem Dachboden. Es befand sich jedoch keine fremde Person im Haus, wie eine Durchsuchung aller Räume ergab. Darüber hinaus war nach einer Unwetternacht an der zum Hof gehörenden Motorhütte das Vorhängeschloss aufgebrochen und im Stall ein Rind losgebunden worden. Trotz der rätselhaften Vorkommnisse wollte die Familie nicht die Polizei informieren und lehnte zudem jede Hilfe von Außenstehenden ab.

Am 31. März 1922, nur wenige Stunden vor dem Mord, erreichte Maria Baumgartner das Anwesen, da sie an diesem Tag ihre Stellung als Magd antrat. Ihre Begleitperson, ihre Schwester, war nach ihrer Abreise kurze Zeit später die letzte Person vor dem Mörder, der die Bewohner lebend sah.

Am späten Abend, das hat die Rekonstruktion des Verbrechens ergeben, wurde das Ehepaar, deren Tochter und siebenjährige Enkelin nahe der Tür zwischen Stall und Scheune erschlagen. Die Tatwaffe war eine Reuthaue, die aus dem Werkzeuginventar des Landwirts stammte. Warum sich die Opfer zu jener Zeit in diesem Teil des Gehöfts befanden oder der Reihe nach dorthin begeben hatten, blieb unklar. Zuerst stand im Protokoll, die Hinterkaifecker seien vermutlich durch unruhiges oder brüllendes Vieh in den Stall gelockt worden, beim Lokalaugenschein stellte man jedoch fest, dass zumindest nachgeahmte Geräusche dieser Lautstärke im Wohnbereich nicht zu hören gewesen sein konnten. Umgekehrt galt, dass auch die Magd in der Kammer die Schreie der bestialisch getöteten Personen garantiert nicht wahrgenommen hatte.

Eine Obduktion der Leichen ergab, dass die kleine Zäzilia noch rund zwei Stunden lebte, nachdem ihr der Schädel zertrümmert worden war. Nach dem Mord an den vier ersten Hofbewohnern drangen der oder die Täter in das Haus ein und töteten zuerst Maria Baumgartner und danach den zweieinhalbjährigen Josef in dessen Stubenwagen.

Besonders gespenstisch ist die Tatsache, dass sich der oder die Mörder nach dem Verbrechen noch vier Tage auf dem Gehöft aufhielt bzw. aufhielten, da das Vieh während dieser Zeit getränkt und gemolken wurde. Außerdem entdeckten die Beamten der Polizei, dass der gesamte Brotvorrat aufgebraucht worden war und Schinken aus der Vorratskammer eine frische Schnittstelle aufwies.

Am 1. April klopften Kaffeeverkäufer an die Türen des Hauses und gingen wieder, als niemand öffnete. Am 2. April, ein Sonntag, fiel den Anwohnern auf, dass die Familie entgegen ihren Gewohnheiten nicht zum morgendlichen Gottesdienst erschienen war. Am Montag stellte Zäzilias Lehrerin das Fehlen des Kindes fest, reagierte aber nicht darauf, obwohl das kleine Mädchen dem Unterricht schon am Samstag unentschuldigt ferngeblieben war. Ebenfalls am 3. April bemerkte der Postbote beim Gehöft, dass sich die Briefe von Samstag immer noch am Fenstergitter befanden, wo er sie deponiert hatte.

Tags darauf kam ein Monteur nach Hinterkaifeck, der etwas reparieren sollte, aber niemanden antraf und nur das Vieh im Stall brüllen hörte. Nach erledigter Arbeit suchte er auf dem Anwesen nach den Bauersleuten, fand sie aber nicht. In die Scheune warf er nur einen kurzen Blick und übersah daher die Leichen. Als er später in Gröbern in der Gaststätte bei einem Schnaps von der gespenstischen Leere auf dem Hof berichtete, machten sich ein paar Männer aus dem Ort auf den Weg dorthin. Nach kurzer Suche wurden die leblosen Körper der Familie gefunden.

Gegen 18 Uhr traf die Polizei in Begleitung des Bürgermeisters auf Hinterkaifeck ein und hatte große Mühe, die mittlerweile versammelten Schaulustigen vom Gelände zu drängen und weitere Personen am Betreten des Tatorts zu hindern. Um 1.30 Uhr nachts kamen Kriminalbeamte aus München angereist, die sich nach einer Besprechung auf dem Polizeirevier in Gröbern gegen fünf Uhr auf den Weg zum Gehöft machten. Früher hätte es auch keinen Sinn gehabt, da es auf dem Anwesen keine Elektrizität gab und es zu dieser Tageszeit noch finster war.

Erst kurz nach Sonnenaufgang untersuchten sie, gemeinsam mit einer Gerichtskommission und zwei Polizeihunden, den gesamten Gebäudekomplex und das Grundstück.

Am Heuboden fanden die Beamten drei blutbefleckte Gegenstände: ein Taschenmesser, das vermutlich dem Bauern gehörte, sowie ein Bandeisen und eine Kreuzhacke. Bei den beiden Geräten handelte es sich jedoch nicht um die Mordwaffen, die die Schädelfrakturen verursacht hatten.

Außerdem wurde auf dem Dachboden, der sich durchgängig über Wohnhaus, Stall und Scheune erstreckte, Stroh auf dem Boden entdeckt. Irgendjemand schien es ausgestreut zu haben, um seine Schritte zu dämpfen. Außerdem waren einige Ziegel im Dach so verschoben, dass man das gesamte Gelände überblicken konnte. Und in einem Heuhaufen befanden sich zwei Mulden, die vermuten ließen, dass darin zwei Körper gelegen hatten. Weitere Indizien: Es lief eine Kuh frei auf dem Hof herum und der Kalender im Haus zeigte den 1. April.

Der anwesende Landarzt führte noch vor Ort auf einem provisorischen Seziertisch im Freien die erste Obduktion durch, wobei er den Toten den Kopf abtrennte. Dabei stellte er fest, dass sich die kleine Zäzilia im Todeskampf büschelweise die Haare vom Kopf gerissen hatte. Weitere medizinische oder spurentechnische Erkenntnisse, die zur raschen Ergreifung des oder der Täter führen konnte, gab es vorerst nicht.

Die Beamten der Mordkommission ermittelten in der Folgezeit unter Hochdruck in verschiedenste Richtungen. Nach dem Ausschluss der damals zunächst Verdächtigen, etwa Hausierer, Hamsterer und Herumtreiber, wurden schließlich 100.000 Mark Belohnung für Hinweise auf den oder die Mörder ausgesetzt. Zugleich ging die Polizei auch ungewöhnliche Wege, ließ beispielsweise mit den abgetrennten Schädeln der Opfer spiritistische Sitzungen durchführen. Doch auch ein Medium, das sich angeboten hatte, mittels spirituellem Kontakt mit den Toten bei der Aufklärung des Verbrechens zu helfen, konnte keine konkreten Aussagen tätigen.

Ins Fadenkreuz der Ermittlungen gerieten im Laufe der Jahre zahlreiche Personen, die in der Folgezeit als Täter allerdings weder überführt, noch zweifelsfrei ausgeschlossenen werden konnten:

Karl Gabriel: Der Ehemann der Jungbäuerin war im Ersten Weltkrieg gefallen und daher zum Zeitpunkt des Verbrechens nicht mehr am Leben. Doch obwohl ehemalige Kameraden seinen Tod bezeugten, meinten verschiedenste Personen, ihn vor und nach dem Mord in der Nähe von Hinterkaifeck gesehen zu haben.

Er soll angeblich wütend darüber gewesen sein, dass seine Frau nach der gemeinsamen Tochter neuerlich schwanger geworden war, und habe Rache an der Familie geübt. Oder er hatte herausgefunden, dass das kleine Mädchen nicht sein Kind war, sondern womöglich der Inzestbeziehung zwischen Vater und Tochter entstammte.

Lorenz Schlittenbauer: Der Bürgermeister von Gröbern, der beim Auffinden der Leichen anwesend war, war Vater von zwölf Kindern und vermutlich auch der von Viktoria Gabriels Sohn Josef. Er wusste schon vorab viele Details vom Tatort, machte widersprüchliche Aussagen, schien im Besitz des vermissten Schlüssels zu sein und sprach am Stammtisch bei Spekulationen über den Tathergang gelegentlich vom Täter in der Ich-Form. Gegen eine Beteiligung am Mord an der Familie spricht die Tatsache, dass er beim Auffinden der ersten vier Leichen nach „seinem Bua“ fragte.

Sein mögliches Motiv: Das Verbot der Ehe zwischen ihm und der Jungbäuerin durch deren Vater Andreas Gruber.

Josef Bärtl: Der angeblich geisteskranke Bäcker hatte sich im Jahr 1919 an einem Mordkomplott beteiligt, woraufhin er in die Kreis-Heil- und Pflegeanstalt Günzburg eingeliefert wurde, von wo er allerdings 1921 entkommen war. Zeugen gaben an, Bärtl immer wieder zu begegnen, doch die Polizei konnte ihn nie aufgreifen.

Adolf und Anton Gump: In Verdacht standen die beiden Männer von Anfang an, da sie nach dem Einmarsch mit dem

Freikorps Oberland im Jahr 1921 mutmaßlich mehrere Bauern getötet hatten. Die Schwester der beiden Männer behauptete auf ihrem Sterbebett im Jahr 1951 gegenüber einem Priester, dass ihre Brüder auch in die Morde auf Hinterkaifeck verwickelt waren.

Karl und Andreas Schreier: Im Jahr 1971 schrieb eine Frau namens Therese T. einen Brief, in dem sie zugab, im Alter von zwölf Jahren Zeugin eines Gesprächs geworden zu sein, das mit der Tat auf dem Gehöft der Bauersleute Gruber im Zusammenhang stand. Ihre Mutter hatte Besuch von der Mutter der Brüder Karl und Andreas Schreier, die behauptete, ihre Söhne seien die beiden Mörder von Hinterkaifeck.

Die Polizei wurde hellhörig, als die Frau erwähnte, dass sie im Gespräch den Satz „Andreas reute es, dass er sein Taschenmesser verlor“ vernahm. Tatsächlich war ein solches gefunden worden, das niemandem eindeutig hatte zugeordnet werden können. Ihr Mordmotiv: Habgier oder Mordlust.

Peter Weber: Laut der Aussage eines Hilfsarbeiters soll dieser Verdächtige ihm vorgeschlagen haben, „den Alten“ zu erschlagen und sein im Hof verborgenes Gold zu stehlen. Er meinte zudem, „der Kinderschänder hätte es verdient“ und nahm damit Bezug auf den Inzest von Andreas Gruber mit seiner Tochter.

Anton und Karl Bichler, Georg Siegl: Die Magd Kreszenz Rieger, die von November 1920 bis ca. September 1921 auf Hinterkaifeck arbeitete, verdächtigte die Brüder Anton und Karl Bichler. Sie hatten bei der Kartoffelernte am Hof geholfen und sich danach mehrfach abfällig über dessen Bewohner geäußert. Auch Georg Siegel war längere Zeit als Knecht auf Hinterkaifeck beschäftigt, kannte die Räumlichkeiten und wusste, ebenso wie die beiden Brüder, vom Vermögen des alten Bauern.

Mögliche Mordmotive. Habgier und Hass.

Andreas und Josef Thaler: Die Brüder wurden von der ehemaligen Magd Kreszenz Rieger als mögliche Täter genannt.

Zur Kartoffelerntezeit 1921 soll Josef Thaler sie mehrfach über die Familie ausgefragt und damit geprahlt haben, zu wissen, welcher Kaifecker in welchem Zimmer schlief. Andreas Thaler wiederum erzählte angeblich am Stammtisch, dass die Kaifecker viel Geld hätten, das sie tagsüber an einem anderen Ort versteckten als nachts.

Andreas Gruber: Auch der tote Bauer wurde verdächtigt, seine Familie umgebracht zu haben. Laut Spekulationen soll er dabei von einem der bereits genannten Männer oder einem völlig Fremden beobachtet und danach selbst getötet worden sein. Dafür spricht, dass Viktoria gegenüber Lorenz Schlittenbauer geäußert haben soll: „Das ist ja das Bessere, dass ich vom Vater schwanger bin, sonst würde er mich erschlagen." Gegen die Theorie spricht jedoch der vermutete Ablauf der Ereignisse, die nahelegt, dass der Bauer die dritte Person war, die erschlagen wurde.

Der exakte Hergang des Verbrechens konnte von den Ermittlern nie zweifelsfrei geklärt werden. Laut Tatrekonstruktion anhand der üblichen Gewohnheiten der Familie und des Ablageorts der Leichen wurde folgendes Szenario entworfen: Nach der Ankunft der neuen Magd, die sich in ihrem Zimmer einrichtete, saßen Mutter und Tochter am Abend noch zusammen. Andreas Gruber und seine Enkelkinder lagen bereits in ihren Betten. Gegen 19.00 Uhr lockte irgendetwas Viktoria in den Stall, weshalb sie im Dunklen mit einer Petroleumlampe hinausging, um nachzusehen.

Als sie die Scheune betreten wollte, wurde sie von hinten angegriffen und ihr mit neun Schlägen der Schädel zertrümmert. Mutter Zäzilia saß währenddessen in der Küche und wartete auf die Rückkehr ihrer Tochter. Nach einiger Zeit wunderte sie sich, wo die junge Frau so lange blieb und folgte ihr in den Stall. Auch ihr Leben endete bei der Tür zur Scheune – mit acht Löchern an der rechten Seite des Schädels. Der alte Gruber machte sich spät abends auf die Suche nach seiner Gattin und als er sie fand, wurde auch er mit brutaler Gewalt aus dem Hinterhalt heraus getötet.

Etwa eine Stunde später stand auch die kleine Zäzilia auf und begab sich auf die Suche nach ihrer Mutter. Sie traf die Tatwaffe mit weniger großer Wucht, weshalb sie noch zwei Stunden lebte, ehe sie starb – obwohl ihr zusätzlich mit einem Bandeisen der Kiefer zertrümmert und mit einem Taschenmesser die Kehle aufgeschnitten worden war.

Ihr Mörder ließ sie schwer verletzt, stark blutend und hilflos auf dem kalten Stallboden liegen und drang danach, entweder alleine oder mit Komplizen, in den Wohntrakt ein, wo er zuerst Maria Baumgartner und danach den kleinen Josef erschlug. Im Haus schlug der Täter nur noch einmal zu, nicht wie zuvor bei den alten Bauersleuten und deren Tochter mehrmals. Die Magd und das Kleinkind wurden mit Bettzeug verhüllt, die Toten im Stall mit einem Türblatt und Heu bedeckt.

Im Laufe der polizeilichen Untersuchungen gab es immer wieder verschiedenste Versionen der Ereignisse vor und nach den Morden, zudem tauchten mit der Zeit einige Ungereimtheiten auf. Beispielsweise zweifelte man später daran, dass der verschobene Ziegel und die zwei Mulden im Heuhaufen ein Indiz für die Anwesenheit eines Fremden auf dem Anwesen waren. Vielmehr kam die Vermutung auf, dass Andreas Gruber sowohl im Stall als auch auf dem Dachboden ein Liebesnest für sich und seine Tochter geschaffen hatte und durch die Luke kontrollierte, ob sich seine Frau dem Haus näherte.

Auch die Bewohner der Ortschaft wollten zur Aufklärung der Tat beitragen und lieferten einige Hinweise, welchen aber nur in den seltensten Fällen nachgegangen wurde. Jahre danach kam ans Tageslicht, dass auch schon vor dem Verbrechen einige Fehler seitens der verantwortlichen Beamten gemacht worden waren.

So beobachtete etwa ein zufällig an Hinterkaifeck vorbeikommender Handwerker in der Nacht nach den Morden, dass dichter Qualm aus dem Backhaus an der Feldstraße drang, in dem sich ein Ofen befand. Als er näherkam, blendete ihn eine Person mit ihrer Taschenlampe und sprach ihn scharf an, weshalb er rasch das Weite suchte. Der Mann gab an, dass der Rauch widerlich beißend gerochen hatte. Die Polizei schickte den Zeugen nach Hause und tat seine Aussage lachend mit der Begründung ab, dass der alte Gruber vermutlich wegen seiner Sünden nicht schlafen konnte und stattdessen Brot buk.

Zudem wurde der Monteur, der sich am 4. April ahnungslos auf dem Hof aufhielt, um Reparaturarbeiten durchzuführen, erst im Jahr 1925 vernommen. Er berichtete von zahlreichen Ungereimtheiten, welchen dann allerdings nicht mehr nachgegangen werden konnte. So gab er beispielsweise an, dass der Hund der Grubers an der verschlossenen Haustür angebunden war, als er Hinterkaifeck verließ. Als die Polizei am frühen Abend desselben Tages eintraf, saß der verstörte Spitz mit einem verletzten Auge aber neben den Opfern.

Es war außerdem von einem Seil die Rede, das vom Heuboden hing, das die Beamten jedoch erst am Tag nach dem Entdecken der Leichen bemerkten, obwohl das Gehöft gründlich durchsucht worden war. Erstaunlich war auch die Tatsache, dass ein nicht zu den Schuhen der Hinterkaifecker passender Abdruck nahe dem Haus erst Tage nach der Tat mit Gips ausgegossen wurde, obwohl die Polizei wusste, dass der alte Bauer Fremde auf seinem Grundstück beobachtet hatte. Darüber hinaus wurde später festgestellt, dass die Beamten bei der ersten Durchsuchung des Tatorts Speckschwarten übersehen und ihre Notdurft im Stadel verrichtet und damit unter Umständen Spuren unbrauchbar gemacht hatten. Zu wenig Beachtung wurde angeblich auch flachen großen Mulden neben dem Stall geschenkt – möglicherweise hatten der oder die Täter Gräber ausheben wollen, was nicht gelang, weil der Boden gefroren war.

Auch das persönliche Umfeld der Opfer wurde nur unzureichend untersucht, vor allem das der neuen Magd Maria Baumgartner. Immerhin geschahen die Morde wenige Stunden nach ihrer Ankunft auf dem Hof.

Man ging von Raubmord aus, obwohl ein für damalige Verhältnisse hoher Geldbetrag in einem Schrank zurückgeblieben war und vieles für eine Beziehungstat sprach.

Im Zuge der Ermittlungen kamen außerdem folgende Fakten ans Tageslicht: Die Familie war wohlhabend und besaß Bargeld in der Höhe von rund 100.000 Mark, Pfandbriefe und Kriegsanleihen, Schmuck sowie Gold- und Silbermünzen, zudem etwa 17 Hektar Land und eine große Menge an Vieh. Das Erbe wurde nach einigen Streitereien zwischen den Angehörigen aufgeteilt. Allerdings war die Tatsache, dass sich Viktoria viel Geld von ihrer Schwester lieh, die nicht auf dem Gehöft lebte, und auch Sparbücher auflöste, nie Bestandteil der Ermittlungen. Wollte sie das Anwesen verlassen und ein neues Leben anfangen? Hatte ihr Vater das herausgefunden und deshalb die gesamte Familie ausgelöscht? Aber wer hat ihn im Anschluss erschlagen?

Nach der Tat zog Bernhard Gruber, der Bruder des ermordeten Bauern, auf den Hof, versorgte die Tiere und bewirtschaftete das Land. Er stellte aber gegenüber seiner Familie von Anfang an klar, dass er nur so lange bleiben würde, bis es einen Käufer für das Anwesen gab. Im Februar 1923 erwarb Karl Gabriel senior, der Vater von Viktoria Gabriels verstorbenem Ehemann und Zilis Großvater, den Hof und ließ ihn abreißen.

Die abgetrennten Köpfe der Bauersleute landeten nach der spiritistischen Sitzung mit einem Medium in einem Justizgebäude in Augsburg und wurden angeblich während eines Bombenangriffs im Zweiten Weltkrieg zerstört – ebenso wie ein Teil der Akten zu dem mysteriösen Fall.

Mit dem verwertbaren Material der abgetragenen Gebäude in Hinterkaifeck hat man im benachbarten Laag, einem Ortsteil von Waidhofen, einen Stadel gebaut. Die Kellermauern wurden stehengelassen und die unterirdischen Räume zugeschüttet, weshalb sich auf Luftbildaufnahmen noch die Umrisse des Gehöfts erkennen lassen.

Bei den Abbrucharbeiten wurde endlich die blutverschmierte Tatwaffe, die Reuthaue, gefunden, die auf dem Dachboden des Gebäudes unter Dielenbrettern versteckt worden war. Zwei Schrauben, die nach einer unfachmännischen Reparatur beidseitig aus dem Holz herausstanden, passten zweifelsfrei zu den Verletzungen an den Schädeln der Opfer.

Andreas Gruber hatte dieses Werkzeug eigenhändig auf diese Weise präpariert, um bei einem gezielten Schlag auf den Kopf seines Schlachtviehs augenblicklich den Tod herbeizuführen. Fingerabdrücke existierten auf dem Gerät keine mehr, dafür einige Haare, die den Ermordeten zugeordnet werden konnten.

Konnte das bedeuten, dass es sich beim Mörder doch um Andreas Gruber handelte, der seine Verwandten und die Magd mit der Reuthaue erschlagen und diese danach dort verstecke, wo er Inzest mit seiner Tochter getrieben hatte – auf dem Dachboden? Die Fragen blieben aber dennoch dieselben: Wer hat den alten Bauern umgebracht und warum wurde kein Geld entwendet?

Ein weiteres Mysterium: In den 1970er Jahren tauchte beim Abriss der Sakristei der St.-Vitus-Kirche im 85 Kilometer entfernten Hagelstadt ein Totenzettel mit den Namen der Familie in einem Kirchenbuch auf. Dieses war mit den handschriftlichen Worten *neidisch wucherisch*, *in ganzer Umgegend verachtet, wg Sittlichkeit 1 Jahr*, *Blutschande* und *Strafe Gottes* versehen worden. Wer das Bild vermutlich bereits in den 1920er-Jahren beschriftet hatte und wie oder wann es in eine Gemeinde nahe Regensburg gelangte, ist nicht bekannt.

Trotz zahlreicher Verdächtiger und Festnahmen wurden der oder die Schuldigen an dem Sechsfachmord in Hinterkaifeck nie gefasst. Im Jahr 1955 hat das Gericht die Akten geschlossen, Vernehmungen fanden allerdings noch lange Zeit später statt.

1971 gab es plötzlich wieder eine neue Spur. So erreicht die Augsburger Staatsanwaltschaft ein Brief, in dem stand, dass ein Brüderpaar aus Sattelberg die Täter seien. Die Beamten vernahmen die Absenderin, stuften die 70-Jährige jedoch als verwirrt ein und legen die Aussage zu den Akten. Angeblich ermitteln einige Kriminalbeamte inoffiziell bis heute.

Auch wenn der oder die Täter nie gefasst werden konnten, hatte das grausame Verbrechen auf dem Einödhof strafrechtlich relevante Konsequenzen: 1952 reichte das bayerische Innenministerium aufgrund der langjährigen Ermittlungen im Fall Hinterkaifeck im Bundesrat einen Antrag auf Aufhebung der Verjährung bei Kapitalverbrechen ein – mit spätem Erfolg: Seit 1979 gibt es keine Verjährung mehr bei Mord.

***

Bereits kurz nach der Entdeckung der Morde fanden sich viele Schaulustige in Hinterkaifeck ein, einige von ihnen schlossen sich zum Gebet für „die armen Seelen“ zusammen. Doch erlöst wurden diese dadurch nicht.

Das Areal, auf dem sich einst der Einödhof und zugleich Tatort eines der schaurigsten Verbrechen in der Geschichte Bayerns befunden hatte, ist nach wie vor im Besitz der Nachkommen der Familie Gabriel. Auf dem kargen Feld, auf dem nichts wächst, soll einem im Sommer der Geruch von wildem Thymian um die Nase wehen. Er stammt von dem einstigen Kräutergarten, den die Tochter des Hauses liebevoll bepflanzte. Das würzige Aroma aus längst vergangenen Tagen hat die Zeit überdauert und sich in der Luft festgesetzt … wie auch der Hauch des Todes.

Das ehemalige Hofgelände von Hinterkaifeck ist fraglos regelrecht kontaminiert mit feinstofflichen Emotionen, die von

Verzweiflung über Trauer bis hin zu Schmerz reichen – von den einst hier lebenden und sterbenden Familienmitgliedern. Hin und wieder strahlen auch aufgestaute Wut und lodernder Hass durch das dicht gewebte Netz an Schwingungen, die zumeist am stärksten wahrnehmbar sind, weil sie am längsten in der Atmosphäre hängen bleiben.

Geisterjäger, Medien oder Sensationsgierige finden sich immer wieder auf dem Grundstück ein, um Kontakt mit den Verstorbenen aufzunehmen oder auch nur Gänsehaut bei der Begehung des Mordschauplatzes zu spüren. Mehrheitlich wird von ein und demselben Phänomen berichtet: Zu fühlen sei eine tranige, zähe Energie, die sich wie Klebstoff an die Gedanken der Verweilenden heftet und diese lange Zeit beschäftigt. Sie sei schwer loszuwerden, heißt es. Es gibt zudem einige Berichte über eine Erscheinung, die als „durch die Luft schwebende Tränen an silbernen Fäden" beschrieben wird, die sofort zwischen den Fingern zu Staub zerfallen, wenn man nach ihnen greift.

Es verwundert nicht, dass es auf dem Grundstück, auf dem sich einst Hinterkaifeck befand, auch relativ „handfest" spukt. Den Bauersleuten wurde dort nicht nur kaum fassbares Leid zugefügt, ein Arzt trennte ihren sterblichen Überresten auch noch vor Ort die Köpfe ab. Die Dorfbewohner applaudierten begeistert, als sie davon erfuhren. Auf dem Land glaubte man ganz fest daran, dass man Verstorbene, die gewaltsam ums Leben kamen, enthaupten muss, damit sie nicht bis in alle Ewigkeit als Untote ihr Unwesen treiben. Das scheint nicht gelungen zu sein, da sich die sechs Mordopfer immer noch in dem ehemaligen Gehöft herumtreiben, und das nicht nur als feinstoffliche Wesen in Form von Energien und Schwingungen. Die Bauersleute werden von manchen Personen als geisterhaft verblasste Gestalten wahrgenommen, die innerhalb der Kellermauern leben und arbeiten wie einst – als wären sie nie gestorben; oder wüssten zumindest nichts davon.

Nahe der Unglücksstelle wurde im Gedenken an die Familie ein Marterl errichtet. Es befindet sich an einer Weggabelung unter einer Wetterfichte mit fünf Wipfeln – die Einheimischen sagen, jede der Baumspitzen stehe für ein Familienmitglied. Durch die Krone des Baums soll häufig der Sturm sausen und am Geäst rütteln, auch wenn es rundherum windstill ist. Das jedenfalls erzählen die Menschen aus dem Umland, die sich nachts nicht an dieser Stelle vorbeiwagen.

Die Hinterkaifecker wurden bereits vier Tage nach ihrer Auffindung ohne Schädel auf dem Friedhof in Waidhofen bestattet, an der Zeremonie nahmen einige Tausende Menschen teil. Auf dem Grabstein der Ermordeten steht: *Gottloser Mörderhand fiel am 31. März 1922 die Familie Gabriel-Gruber von Hinterkaifeck zum Opfer*, darunter folgen die Namen samt Geburtsdaten.

Und auch dort gehen die sechs Ermordeten um, glaubt man den Aussagen einiger Zeugen. Vor allem die beiden Kinder, Zili und Josef, sollen als geisterhafte Wesen hin und wieder auf dem Friedhof zu sehen sein. Die Schilderungen des paranormalen Phänomens verschiedenster Personen gleichen sich frappierend: Die siebenjährige Zili sitzt mit eingeschlagenem Schädel vor der Begräbnisstelle ihrer Familie auf dem Boden und weint bitterlich. In ihrem Schoß liegt der kleine Josef mit fehlendem Hinterkopf, dem Tränen über die Pausbäckchen laufen, während sein Mund zu einem lautlosen Schrei geöffnet ist. Zu hören sei nur das Schluchzen des Mädchens … und eine Art Röcheln aus der Richtung, in der sich der Grabstein befindet.

Triftsperre, Ilzufer und Hals (Stadt Passau)

Der Geistertunnel und Spuk am Flussufer

Im Passauer Stadtteil Hals, so genannt nach der dort befindlichen schmalsten Stelle der Ilz, dem „Hals", liegt bei einer der beiden Flussschleifen eine Triftsperre. Das Bauwerk erinnert an das einst wirtschaftlich bedeutende Holzflößen in dem Gebiet, das eine wichtige Einnahmequelle für die Fürstbischöfe darstellte.

Der Vorgang des Schwemmens gefällter Bäume wird in dem Gebiet erstmalig in einer Marktordnung aus dem Jahr 1359 erwähnt. Um 1729 erfolgte auf dem Fluss der Transport von etwa 100.000 Quadratmetern Holz pro Jahr, der vom Bayerischen Wald nach Passau ca. sechs Wochen benötigte.

Nach der Auflösung des Fürstbistums 1803 war dieser Wirtschaftszweig Angelegenheit der bayerischen Forstwirtschaft, die 1827 mit dem Bau der Triftsperre begann. Zugleich entstand auch der 115,5 Meter lange, 3,2 Meter breite und 2,3 Meter hohe Wasserwegtunnel, der von Arbeitern händisch in den harten Reschensteiner Fels gehauen wurde und den Weg verkürzte. Auf diese Weise hatten die Stämme nicht nur einen kürzeren Weg, sie konnten zudem die in den engen Kurven befindlichen Mühlen nicht mehr beschädigen. Ebenso blieb die in der Gewässerschleife vorhandene Flussperlmuschelzucht verschont.

Nach vier Jahren Bauzeit konnte die 125 Meter lange Triftsperre mit ihrem riesigen Holzrechen in Betrieb genommen werden.

Beinahe die Hälfte der Bevölkerung war damals, zumindest während der Schwemmsaison, in der Fortwirtschaft tätig. Die Männer balancierten auf den schwimmenden Stämmen, um diese so anzuordnen, dass sie sich beim Durchschleusen nicht querlegten. Fiel einer der Arbeiter ins Wasser, wurde er in Sekundenschnelle grausam zerquetscht. Entlang der Ilz erinnern bis heute einige Marterl an die in jener Zeit zahlreich ums Leben gekommenen Holzfäller und Flößer.

Einer davon war der *ehrenwerte Jüngling* Max Uttenthaler, wie es auf einer an einem Kreuz angebrachten Plakette heißt, der am 3. August 1908 tödlich verunglückte. Der junge Mann verletzte sich beim Baumschneiden und stürzte in die Ilz. Er konnte jedoch in letzter Sekunde aus dem Wasser gezogen werden. Seine Retter brachten ihn in den heutigen Gasthof „Zur Triftsperre", damals noch ein Einödhof, wo er jedoch kurze Zeit später verstarb.

Ab 1890 transportierte die Ilztalbahn bereits einen Teil des Holzes, und um 1920 kam die Trift durch einen kontinuierlichen Ausbau der Forststraßen komplett zum Erliegen. Von der Triftsperre übriggeblieben sind nur noch die mächtigen Steinsäulen, die gleich hinter dem Holzsteg aus der Ilz ragen.

Der nun stillgelegte Wasserwegtunnel steht Besuchern offen, die direkt an einer Steinmauer seitlich entlang des Flusses gehen können. Ein filigranes Geländer mit schmalem Handlauf leitet Spaziergänger durch die Grotte, während im Stockdunkeln nichts zu hören ist, außer dem Rauschen der Ilz.

Aufgrund der Tatsache, dass es beim Bau dieser Abkürzung durch den Felsen zu zahlreichen schweren Unfällen mit den Hauwerkzeugen kam, wird diese häufig als „Geistertunnel" bezeichnet.

Im Stadtteil Hals gibt es auch eine Burgruine, die im Jahr 1112 erstmalig erwähnt wurde, die sich als stattliche Festung im Besitz mehrerer Ritter und Edelmänner befand. 1517 gelangte sie an die Wittelsbacher. 1622 durch einen Brand bereits stark beschädigt und anschließend als Speicher in Verwendung, wurde sie im Österreichischen Erbfolgekrieg demoliert. Damit wollte man verhindern, dass sie der Feind als Rückzugsort nutzte. Im Jahr 1810 stürzten die restlichen Mauern der Burg ein, die danach als Steinbruch diente.

Heute befindet sich die Ruine in Privatbesitz, kann jedoch im Rahmen von Führungen besichtigt werden. Etwa 750 Meter nordwestlich befinden sich die Überreste einer Anlage mit viereckigem Bergfried, die erstmals 1384 erwähnt wurde. Zwischen 1816 und 1819 hat man Steine dieses Gemäuers für die Errichtung der Pfarrkirche St. Georg verwendet.

Aus dem Stadtteil Hals, der im Laufe der Geschichte selbst immer ohne eigenes Stadtrecht blieb, wurde am Ende des 19. Jahrhunderts vorübergehend Bad Hals. 1890 ließ der königliche Hoffotograf August Ducrue aus Passau am Sieglberg das „Bavaria-Bad", eine Kur- und Wasserheilanstalt „System Kneipp", errichten und von einem Facharzt leiten.

Das moorhaltige Ilzwasser und die idyllische Landschaft sorgten für regen Zulauf. Dennoch verkaufte der geschäftstüchtige Lichtbildner das Institut 1892 an Dr. Mayerhausen, einen Spezialarzt für physikalisch-diätische Heilverfahren. Der ließ die Badeanstalt noch weiter ausbauen und bot Behandlungen im Rahmen der Hydro- und Elektrotherapie an. Sebastian Kneipp höchstpersönlich kam 1894 nach Hals, um den Medizinern vor Ort sein Heilverfahren näher zu erläutern.

Der malerische Ort wurde in jener Zeit vor allem zum Geheimtipp für wohlhabende Großstädter, die aus München und Wien anreisten, um sich den Behandlungen zu unterziehen. Unter ihnen befanden sich beispielsweise der Komponist Franz Lehàr, der 1901 im Hofwirt zu Hals seine erste Operette „Wiener Frauen" geschaffen hat, und der Heimatdichter Peter Rosegger.

Das mondäne Badeflair lockte schnell auch die Society aus Passau an – wer etwas auf sich hielt, ließ sich zur Sommerfrische einen Landsitz abseits des Zentrums einrichten. So unter anderen auch der Uhrenhändler Franz Xaver Rehaber, der die beiden Burgen erwarb und das ebenfalls in dem kleinen Stadtteil befindliche ehemalige gräfliche Münzhaus zur herrschaftlichen Landvilla „Louisenfreude" umbauen ließ.

Der noblen Besucher wegen sorgte man in Hals für Atmosphäre: Aussichtspunkte wurden erschlossen und mit Bänken und Sonnenschirmen bestückt, die Uferpromenade „Esplanade am Ilzquai" zum Flanieren angelegt, ein Tennisplatz auf der Ledererwiese gebaut, Burgfeste organisiert und kulturelle Veranstaltungen arrangiert. Besondere Attraktionen stellten das Kasino mit Musik- und Lesezimmer, das „Wellenbad" im Mühlkanal, ein gedecktes, auf der Ilz platziertes Badefloß mit Schwimmbecken und Badewannen sowie venezianische Nächte mit Gondelfahrten auf der Ilz dar. Kutschtransfers von und zum Passauer Bahnhof waren selbstverständlicher Bestandteil der vielfachen Serviceleistungen für die betuchten Gäste. Das „Bavaria Bad" wurde in zeitgenössischen Journalen vor allem allein reisenden Frauen ans Herz gelegt, da aufgrund der familiären Atmosphäre *hier keine Nachstellungen zu fürchten seien.*

Während des Ersten Weltkriegs löste sich der vielversprechende Kurbetrieb dann allerdings auf.

Im Juni 1954 überschwemmte die Ilz den Passauer Stadtteil, die Wallfahrtskirche St. Achatius stand bis zur Empore unter Wasser.

Und auch von einem brutalen Verbrechen wurde Hals nicht verschont.

Rund 1,5 Kilometer von der Absturzstelle des „Jünglings" Max Uttenthaler entfernt befindet sich bei der Grafenleite die Stelle, an dem im Zweiten Weltkrieg eine junge Frau brutal ermordet wurde.

Ab dem Frühjahr 1944 gab es im Raum Passau hin und wieder Fliegeralarm, wenn alliierte Maschinen das Land überquerten, doch es fielen keine Bomben. Die Menschen leben im

Verzicht, sie benötigten für alles Bezugsscheine oder Marken, Kinder sammelten auf den Straßen Altmetall, Knochen und Papier. Größere Gebäude wie Schulen wurden zu Lazaretten umfunktioniert, in den Tageszeitungen überwogen die Todesanzeigen gefallener Soldaten aus der Region. In jener Zeit wurde die gesamte Bevölkerung zum „totalen Arbeitseinsatz" verpflichtet, auch die „Maiden".

Ab Abend des 31. März 1944 erreichte die 18-jährige ledige Hausgehilfin Hildegard Baumann, die im Lager Wiesenau/Kärnten ihren Reichsarbeitsdienst verrichtete, den Hauptbahnhof Passau. Sie wollte ein paar freie Tage bei Bekannten, einer Familie namens Biendl, in Hals verbringen und freute sich auf erholsame Stunden. Bekleidet mit einem grünen Kleid, grüner Strickweste und hellgrauem Wollmantel schritt sie voran Richtung Pustetweg, wo die Gastleute wohnten – zuvor hatte sie es abgelehnt, von der Zugstation abgeholt zu werden.

Laut Ermittlungsakten der Staatsanwaltschaft Passau befand sich Hildegard Baumann in Begleitung eines Mannes mittlerer Größe mit Mantel und Hut, der von mehreren Zeugen in ihrer Begleitung gesehen wurde. Er soll der jungen hübschen Frau den Koffer getragen und munter mit ihr geplaudert haben.

Doch schon bald muss es zu einer Auseinandersetzung der beiden gekommen sein, und zwar auf dem Höhenweg oberhalb der Ilz, am rechten Ufer, zwischen Halser Straße und Hals, bei der Grafenleite. Vom Ufer gegenüber hörten zwei Zeugen gegen 22.00 Uhr, wie sich zwei Personen auf der anderen Seite des Flusses stritten. Eine Frau forderte lautstark ihren Koffer zurück, woraufhin sie die männliche Gestalt packte und ihren Kopf einige Male gegen das eiserne Straßengeländer schlug. Danach rollten die beiden den etwa zwölf Meter hohen verschneiten Abhang hinunter und landeten direkt am Ilzufer. Dabei war eine hohe Stimme zu hören, die rief: „Mama, Mama, hilf mir!" Die beiden Zeugen schrien hinüber: „Lassen Sie sofort das Mädchen los!", doch der Mann drückte den Kopf seines

Opfers im Schein des hellen Mondes so lange ins eisige Wasser, bis es keinen Laut mehr von sich gab.

Danach kletterte der Täter den Hang empor und verschwand durch ein Waldstück in Richtung des Ortsteils Ries. Er verlor dabei einen mit einer Feder und zwei Kordeln geschmückten grünen Trachtenhut Größe 54/55. Auf der Kopfbedeckung wurden eingetrocknete Blutstropfen gefunden, doch sie verschwand etwas später ohne nähere Untersuchung spurlos. Ebenso galt Hildegards goldgelber geflochtener Panamakoffer schon bald nach dem Verbrechen als verschollen.

Es gab jedoch noch einen weiteren Zeugen, und zwar eine Frau, die an dem Abend einer Versammlung im Gasthof „Zur Burg" teilgenommen hatte. Als sie das Lokal gegen 22.15 Uhr verließ, hörte sie von der Ostseite der Halser Brücke klagende Laute vom Ilzufer, die sie jedoch für die menschenähnlichen Schreie einer Katze hielt. Als sie ihr Haus betreten wollte, kamen die beiden Personen angelaufen, welche die Tat zuvor vom anderen Flussufer aus beobachtet hatten und den Bürgermeister suchten. Zu dritt eilten sie zurück in die Gaststätte, wo sich der Ortsführer noch immer befand, und verständigten danach auch die Feuerwehr. Gemeinsam begab sich die Gruppe zum Tatort, um nach dem Opfer zu suchen.

Allerdings gab es nur eine einzige Taschenlampe, die schon bald erlosch, weil die Batterie leer war. Da sich der Mond mittlerweile hinter Wolken versteckt hatte, war es stockdunkel, was die weitere Nachforschung stark erschwerte. Somit fand der Suchtrupp das Mädchen erst gegen 5.00 Uhr morgens im seichten Wasser. Die Leiche wurde dann von einem auf Urlaub weilenden Soldaten aus der Ilz gezogen. Von der Familie Biendl, die Hildegard Baumann im Pustetweg 62 besuchen wollte, hatte die 17-jährige Tochter Berta die traurige Aufgabe, das Mordopfer zu identifizieren.

Eine spätere Suche nach dem Täter verlief trotz ausgesetzter Belohnung von 5000 Mark für seine Ergreifung ergebnislos.

In Hals wurde allerdings hinter vorgehaltener Hand geraunt, dass der Hut Herrn F. gehörte. Da es sich dabei allerdings um den Sohn eines angesehenen Bürgers der Stadt Passau handelte, wurde dieser Spur offiziell nie nachgegangen. Da mittlerweile keiner der Beteiligten mehr lebt, wird das Verbrechen vermutlich unaufgeklärt bleiben.

Am ehemaligen Tatort erinnert heute ein kleines Marterl an die furchtbare Tat, es trägt die Inschrift: *Hier an dieser Stelle wurde am 31.3.1944 die 18 jähr. Arbeitsmaid Hildegard Baumann von ruchloser Mörderhand überfallen, nach 20 Min. lang. Kampfe in der Ilz ertränkt. R.I.P.*

***

Laut einer Legende soll vor einigen Jahrzehnten im Lokal „Zur Triftsperre", in jener Zeit eine Gaststätte für die Anwohner, am Stammtisch das Thema Spuk aufgekommen sein. Der anwesende Pfarrer wollte beweisen, dass es keine Geister gibt, und dafür um Mitternacht alleine in den Tunnel gehen. Denn vor allem dort würden jenseitige Wesen anzutreffen sein, hieß es. Der Gottesmann machte sich auch sofort auf den Weg, während die anderen auf ihn warteten – vergeblich. Erst am nächsten Morgen tauchte er wieder auf und war in der Zwischenzeit dem Wahnsinn verfallen.

Seit damals haben schon viele Personen die unheimliche Grotte mit dem Weg entlang der Ilz betreten und paranormale Phänomene wahrgenommen. So soll man die Qualen des Pfarrers spüren können, die er bei seinem Aufenthalt durchlebte, als ihn sein Verstand verließ. Ihm muss Furchtbares widerfahren sein, denn seine Verzweiflung ist angeblich deutlich zu spüren. Die feinstoffliche Energie ist laut einem Medium bitter, schwer und aggressiv.

Andere Leute nehmen in dem Durchbruch an einigen Stellen ein lautes Klopfen an der Felswand wahr – es handelt sich dabei möglicherweise um die Manifestation der jahrelang an die Wände polternden Baumstämme.

Ein weiterer Bericht schildert eine Begebenheit nachts auf der Brücke, auf der wie aus dem Nichts ein Mädchen auftauchte, das aus der Richtung der Triftsperre angelaufen kam. Sie trug altmodische Kleidung und wirkte panisch, drehte beim Anblick der ihr entgegenkommenden Personen sofort um und rannte zurück in die Dunkelheit. Doch kurz bevor das Schwarz sie gänzlich verschlucken konnte, zersprang sie in Tausende Teile.

Als die Zeugen später in Passau von ihrem Erlebnis erzählten, klärte man sie darüber auf, dass diese Sichtung nicht ungewöhnlich sei. Die junge Frau sei auf exakt dieselbe Weise immer wieder zu sehen, es konnte bisher allerdings nicht geklärt werden, um wen es sich dabei handelte.

Es spukt aber auch am Sieglberg, in der 1947 dort errichteten Siedlung, in der August Ducrue umgehen soll. Wo sich vor vielen Jahren das geschichtsträchtige „Bavaria Bad" befand, das erst im Jahr 2005 abgerissen wurde, steht heute ein Neubau. Wo einst feudale Feste für die noblen Badegäste veranstaltet wurden, wohnen heute rund 400 Menschen. Wo in der Vergangenheit gekurt, gelacht und gefeiert wurde, regiert heute der Alltag. Und genau dort treibt sich der königliche Hoffotograf herum, erscheint in Gärten, taucht in Häusern auf und mischt sich in den Lokalen unter die Gäste. Wahrgenommen wird er als durchscheinende Gestalt in vergilbtem Blassbraun – fast wie eine alte Fotografie.

Doch am gruseligsten geht es in Hals entlang der Ilz zu. Menschen berichten von einem Ritter im Kettenhemd, der sich vor allem an sonnigen Tagen gerne im Bereich des Flussufers aufhält und in den Himmel oder Richtung Burgruine starrt. Im Jahr 1993 hat er angeblich etwas in den Schlamm geschrieben. Doch nachdem der Zeuge nachhause geeilt war, um einen Fotoapparat zu holen, waren die Worte bei seiner Rückkehr verschwunden.

Ebenso wenig zur Ruhe kommen anscheinend Max Uttenthaler und Hildegard Baumann – zwei junge Menschen, der eine verunglückt, die andere ermordet, die in der Ilz um ihr Leben gekämpft haben. Ihre traurigen, schweren Energien wabern an trüben Tagen am Rand des Gewässers entlang, manifestieren sich hin und wieder zu wolkigen Wesen, die gramgebeugt ihres Weges gehen. Sie können sich offenbar nicht von dem Ort lösen, an dem ihr Dasein ein jähes trauriges Ende fand.

Besonders schaurig klingt die Geschichte einer älteren Einwohnerin des Stadtteils, die öfter mit ihrer Pudeldame Mimi am Flussufer spazieren geht.

„Es war an einem Sonntag im Oktober 2016 gegen zehn Uhr vormittags. Mein Hund und ich schlenderten entlang der Ilz, die Herbstsonne war noch schön warm, der Himmel wolkenlos, die Umgebung ruhig, als wären nur wir beide unterwegs. Da hatte ich mich aber ordentlich getäuscht, denn plötzlich tippte mir jemand von hinten auf die Schulter. Ich erschrak ganz furchtbar, denn ich hatte niemanden kommen hören. Mimi wedelte mit dem Schwänzchen, doch als ich mich umdrehte, konnte ich niemanden sehen. Ich fragte laut: ‚Wer ist da?' und bekam es mit der Angst zu tun, als sich niemand zeigte.

Es werden ja heutzutage auch Personen überfallen, die kaum Geld bei sich haben. Diese Verbrecher machen auch vor alten und gebrechlichen Menschen nicht halt. Doch weil nichts weiter geschah, dachte ich, ich hätte mir alles nur eingebildet.

Als ich gerade weitergehen wollte, spürte ich zu meinem Entsetzen einen warmen Luftzug ganz nah an meinem Ohr, es fühlte sich an wie ein Atemhauch. Mein Hund begann wieder, mit dem Schwanz zu wedeln und schaute mit starrem Blick direkt auf die leere Stelle neben mir, als würde dort jemand stehen. Aber es war niemand da. Und da hörte ich plötzlich eine Frauenstimme, wieder direkt an meinem Ohr, die sagte: ‚Wir verzeihen nicht, Schuld ist ewig!' Zuerst konnte ich mich nicht bewegen vor Schreck, doch dann begann ich zu laufen, wobei ich Mimi mit mir zog. Sie wollte gar nicht weg von dem Platz und stemmte ihre Pfoten in den Boden. Erst als ich sie hochhob, kam ich vorwärts. Ich bekomme heute noch eine Gänsehaut, wenn ich an diesen Vorfall denke."

Heining (Stadt Passau)

Eine Seele will Ruhe finden

Im Passauer Stadtteil Heining ereignete sich im Jahr 1974 ein mysteriöser Kriminalfall, der bis heute Rätsel aufgibt.

Damals wohnte in einer kleinen bescheidenen Wohnung in der Schaldingerstraße der 48-jährige Zimmerer und Maurer Johann Himmelsdorfer mit seiner Gattin Zita Maria und den gemeinsamen vier Töchtern und drei Söhnen. Der Handwerker, der weder lesen noch schreiben konnte, war zu jener Zeit arbeitslos, trank zu viel und verprügelte im stark alkoholisierten Zustand häufig seine Frau.

Am letzten Tag des Jahres hob der gewalttätige Familienvater mittags 660 Mark bei der Raiffeisenkasse in Schalding ab, einen Vorschuss auf das Kindergeld des kommenden Jahres. Er begab sich in die Innenstadt und trank in einer Stehkneipe in der Bahnhofstraße ein paar Biere und Schnäpse. Dann ging er nach Hause, verließ die Wohnung nach einem Streit mit seiner Ehefrau gegen 15.00 Uhr allerdings erneut und nahm den 12-jährigen Hansi mit. Sein Sohn sollte von einer Telefonzelle aus Emil Porke (der in diversen Berichten über das dubiose Verbrechen Sepp Obermaier genannt wurde) anrufen.

Der kontaktierte Gelegenheitstaxifahrer, der immer knapp bei Kasse war und sich seine Getränke gerne von seinem Kumpel bezahlen ließ, stimmte einem Treffen zu. Der Junge stand bei dem Gespräch zwischen den beiden Männern außerhalb der Telefonzelle und hörte nur Wortfetzen, er bekam mit, dass von einem Kasten Bier die Rede war und von einem größeren Geldbetrag.

Johann Himmelsdorfer schickte seinen Sohn anschließend nach Hause und machte sich auf den Weg zu seinem Bekannten. In einem Lebensmittelgeschäft kaufte er noch einen Doppelliter Wein und unterhielt sich gleich darauf vor dem Laden mit einem jungen Mann, dem er von der geplanten Silvesterfeier mit seinem Kumpel Emil erzählte. Seit diesem Zeitpunkt ist der arbeitslose Handwerker spurlos verschwunden.

Die Kriminalpolizei begann mit der Suche nach Johann Himmesdorfer, als er in den Folgetagen nicht nach Hause zurückkehrte. Da es kein brauchbares Foto von dem abgängigen Familienvater gab, wurde eine Zeichnung angefertigt – es zeigt einen hageren Mann mit hohlen Wangen und hohem Haaransatz. Ein besonderer Hinweis lautete, dass er aufgrund einer fehlenden Zahnprothese undeutlich sprach.

Die Ehefrau Zita ließ sich ein Jahr später in Abwesenheit ihres Gatten scheiden und war offensichtlich froh, den Trunkenbold und Schläger los zu sein.

An einem Sonntag im September 1978 gestand Emil Porke seiner Ehepartnerin beim Pilze sammeln im Rittsteiger Wäldchen, dass er „den Hansi abgemurkst“ und danach vergraben hätte, während er auf eine Mulde zwischen den Bäumen deutete. Die Angetraute glaubte zuerst an einen makabren Scherz, lernte aber einige Zeit später Zita kennen und erzählte ihr von dem Gespräch.

Im März 1979 wurde daraufhin der ehemalige Bekannte des Verschwundenen zum ersten Mal von der Polizei befragt. Der Verdächtige gab an, nur Spaß gemacht zu haben, um „sein Weib“ zu erschrecken, er habe seinen Saufkumpanen an besagtem 31. Dezember 1974 nicht getroffen. Das Rittsteiger Wäldchen wurde umgegraben – ohne Erfolg. Bei der Durchsuchung der Wohnung von Emil Porke fand sich ein maschinengeschriebener Abschiedsbrief von Johann, verfasst von seinem Kumpel, in dem er aufgrund von Lieblosigkeit in der Ehe seinen Selbstmord ankündigte. Der war angeblich auch nur „wegen der Gaudi“ geschrieben worden. Johann Himmelsdorfer erfreute sich angeblich bester Gesundheit, lebte mit seiner Freundin Marie auf einer Alm in Österreich und rief seinen Bekannten immer zu Weihnachten an. Für diese Gespräche soll es sogar ein Erkennungswort gegeben haben.

Emil Porke wurde aufgrund dieser erfunden klingenden Geschichten in U-Haft genommen und angeklagt. Der Staatsanwalt beantragte im Mai 1981 allerdings Freispruch, obwohl der Verdächtige eine Schusswaffe besaß. Entlastend dürfte auch die Aussauge einer Zeugin namens Ruth Heun gewesen sein, die angab, den Mann noch nach seinem Verschwinden in Passau gesehen zu haben.

Im Jahr 1988 wurde bei der Aschermittwochrede des bayerischen Ministerpräsidenten Franz Josef Strauß dem Politiker ein Zettel zugeschoben, auf dem stand: *Ich weiß von Morden, mir sind die Mörder von Himmelsdorfer bekannt.* Den Verfasser der Zeilen hat man ausfindig gemacht und vernommen, doch der Mann hatte sich nur wichtigmachen wollen und wusste nichts über den wahren Täter.

Ein anderes Verbrechen hat sich in Heining etwas über einen Kilometer Luftlinie von dem vermeintlichen Begräbnisort des verschwundenen Handwerkers entfernt ereignet.

Dort befindet sich auf einem Gebiet, in dessen Umkreis im Mittelalter Hinrichtungen durchgeführt wurden, ein verlassenes landwirtschaftliches Gut. Es liegt am Gründoblweg an der Kreuzung zur Richterstraße, wo diese in den Höhenreutweg übergeht. Der langgezogene Hof muss schon sehr lange leer stehen, da die Natur das Grundstück bereits fast vollständig zurückerobert hat und teilweise bereits Pflanzen aus den zerbrochenen Fenstern des Hauses wachsen. An einer Ecke steht ein einsamer grauer Briefkasten, der von einstigem Leben hinter den altersfleckigen Mauern zeugt.

Unweit vom Gebäude wurde im 19. Jahrhundert im Wald ein 16-jähriges Mädchen aus Heining von einigen Burschen aus dem Ort missbraucht und danach brutal erschlagen. Liese war das Kind armer Bauersleute, mit langen blonden Locken und blauen Augen sehr hübsch und noch dazu sehr begabt. Mit glockenheller Stimme sang sie im Chor der Pfarrkirche und wurde von den Einwohnern der kleinen Gemeinde „Engerl" genannt.

Nach einem Gottesdienst an einem verregneten Sonntag im November schickten die Eltern ihre Tochter zu einer verarmten Magd, der sie einen Laib Brot bringen sollte. Doch dem Mädchen folgten auf ihrem Weg zu der Bekannten drei junge Männer, die ihr nach der Messe auf der Straße aus dem Ort hinaus aufgelauert hatten. Liese flüchtete in ein Waldstück beim Gründoblweg, als die Burschen näherkamen und sie bedrängten, wo es kurz darauf zu dem grausamen Verbrechen kam.

Die Täter konnten nie zur Verantwortung gezogen werden, da es keine eindeutigen Beweise für ihre Beteiligung an der Vergewaltigung und anschließenden Tötung gab. Doch jeder in Heining behauptete, zu wissen, dass es nur diese drei gewesen sein konnten. Die mutmaßlich Schuldigen verloren ihre Arbeitsplätze, wurden von den anderen Gemeindemitgliedern gemieden und fanden keinen Anschluss mehr. Zwei der Männer verließen Heining einige Jahre nach dem Mord, der dritte starb kurze Zeit später an einer schweren Grippe.

In eine der Mauern des einsamen Gutshofs am Gründoblweg sind die Worte TOD! IHR SIE eingeritzt.

***

Das Rittsteiger Wäldchen ist ein lauschiges Plätzchen, am westlichen Stadtrand von Passau, das bei schönem Wetter geradezu paradiesisch wirkt. Und trotzdem wird von unheimlichen Erscheinungen berichtet, die dort seit den späten 1980er-Jahren bis heute immer wieder wahrnehmbar sind. Einige Spaziergänger sprechen von negativen Energien, die einem nahezu den

Atem rauben und bei sensiblen Gemütern sogar körperliche Übelkeit hervorrufen.

An bestimmten Stellen wird man angeblich von dunklen Geistwesen eingekreist, die sich mit einer telepathischen Nachricht an dafür empfängliche Menschen wenden. Sie übermitteln, dass der Himmelsdorfer ausrichten würde, er sei nicht unter Bäumen begraben, sondern eingemauert worden.

Nachdem sich einige Personen mit dieser Botschaft an die Polizei gewandt hatten, verfasste um 2010 ein für spirituelle Wahrnehmungen offener Beamter einen neuen Bericht zu dem Fall des verschwundenen Handwerkers. Sein Ansuchen um eine neue Beweisaufnahme wurde jedoch mit einem spöttischen Lächeln ad acta gelegt, als der Mann zwei Jahre später in Pension ging.

Über ähnliche Vorfälle im Zusammenhang mit dem Handwerker, der im Jahr 1974 nach einer Verabredung zur feuchtfröhlichen Silvesterfeier mit seinem Kumpel Emil spurlos verschwunden war, berichten auch noch weitere Leute. Es handelt sich dabei um Passanten, die sich in der Schaldingerstraße aufhalten bzw. an dem Haus vorbeigehen und ähnliche Botschaften aus dem Jenseits empfangen. Sie erzählen von Stimmen, die ihnen ins Ohr flüstern, dass Johann Himmelsdorfer darum bittet, den Mord an ihm endlich aufzuklären und eindrücklich darauf hinweist, dass er eingemauert wurde.

Leider hat es bisher kein Medium geschafft, durch Anrufung seiner Seele zu ihm durchzudringen und zu erfahren, wie er ums Leben kam, wo genau seine Leiche zu finden ist und wer ihn umgebracht hat. Vermutlich wird sie aber dennoch erst dann Ruhe finden, wenn das Verbrechen aufgeklärt wurde.

Aber auch rund um das landwirtschaftliche Gut am Gründoblweg spukt ein im Diesseits verhafteter Geist. Laut Wanderern oder zufällig dort entlang schlendernden Spaziergängern sind rund um das Gebäude häufig gellende Schreie von unsichtbaren Wesen zu hören. Von hinter den blinden vergitterten Fenstern fühlten sich einige Menschen beobachtet und berichteten von starrenden Blicken toter Augen. Betritt man das vermutlich bereits vor langer Zeit verlassene Gehöft, findet man lange staubige Räume, morsche Holzverließe, dichte Spinnengewebe, eine beklemmende Atmosphäre und traurige Energien.

Ebenso wurde davon berichtet, dass aus dem Wald dahinter angeblich unerklärliche Geräusche dringen, ähnlich wie Schüsse, nur dumpfer. Die Ursache dafür sei nicht zu finden, trotz intensiver Nachschau und Untersuchung des Geländes.

Abrahamhof (Gemeinde Neuburg am Inn)

Spuk rund um das Ausflugslokal

Beim Abrahamhof handelt es sich um ein idyllisch im Grünen gelegenes ehemaliges Hotel mit Café-Restaurant in Neuburg am Inn im Landkreis Passau. Erbaut wurde es angeblich in den 1920er-Jahren auf dem Grundstück, auf dem sich etwa 100 Jahre zuvor der Bauernhof der Familie Abraham befand, von dem er den Namen erhielt.

Seine Glanzzeit hatte der damals hochfrequentierte gastronomische Betrieb in den 1970er- und 1980er-Jahren, als die Passauer nach einem Spaziergang durch den Neuburger Wald oder am Ufer des Inns das beliebte Ausflugslokal ansteuerten. Die Wanderer stiegen vor allem am Wochenende in Scharen die kleine Anhöhe zum Abrahamhof hinauf, genossen den Blick über die Region und eine gute Jause inmitten der Natur. Übernachtungsgäste kamen aus dem gesamten Umland, da die Unterkunft aufgrund von Empfehlungen diverser Reiseanbieter und Automobilclubs weit über die Gemeindegrenze hinaus bekannt war.

Im Jahr 2003 wurde der Abrahamhof versteigert und sollte danach zur Schönheitsfarm umgebaut werden. 2013 erklärte sich die Gemeinde Neuburg am Inn bereit, den Gebäudekomplex an der Grenze zu Passau der Stadt zu schenken und bot zugleich eine Verschiebung der Gemeindegrenze an. Doch dieser Vorschlag wurde dankend abgelehnt.

Seither gibt es laufend Ideen und Anregungen, den verlassenen Mauern wieder Leben einzuhauchen, doch alle Versuche scheitern aus den unterschiedlichsten Gründen.

Und so steht das Gebäude weiterhin leer, verfällt zusehends und wird immer wieder von Vandalen beschädigt. In den Räumen sind die Wände beschmiert, die alten Fliesen in den sanitären Anlagen zerborsten und die Türen eingetreten. Auf den Böden liegt Müll zwischen abgebrannten Kerzen und auf die Außenmauern wurden an vielen Stellen Graffitis gesprayt.

Bis 2012 entstand ein Sachschaden im Wert von geschätzten 100.000 Euro

Aber auch sonst sieht es nicht gerade wohnlich, sondern vielmehr gruselig in dem Haus aus: Die Fenster hat man mit Brettern vernagelt, in den Ecken hängen dicke, staubige Spinnweben und einige Räume sind noch mit Partydekoration aus den 1980er-Jahren geschmückt.

Ein Verkauf, den der derzeitige Eigentümer, ein Passauer Bauunternehmer, anstrebt, ist aus genannten Gründen nahezu unmöglich.

Vor einigen Jahren wurde der Abrahamhof, von dessen Hausnamen an der Frontseite des Hotelkomplexes nur noch das „Abraha" übrig ist, komplett entrümpelt. Auf diese Weise soll unbefugt zutretenden Fans von Lost Places sowie zerstörungswütigen Personen die Lust am Besuch des verlassenen Gebäudes vergehen.

Im August 2018 brannte es in einer Garage des ehemaligen Ausflugslokals – wer für den rätselhaften Ausbruch des Feuers verantwortlich war, konnte nicht geklärt werden. Im November 2010 war der Mercedes eines 70-jährigen Mannes aus mysteriösen Gründen beim Abrahamhof in Flammen aufgegangen, nachdem sich der Fahrer gerade noch rechtzeitig aus seinem Wagen hatte befreien können.

Neben dem Gastronomiebetrieb von einst beginnt der Neuburger Wald, ein 186 Quadratkilometer großes Forstgebiet, das sich einst im Eigentum des Königshauses befand, anschließend an die Kirche fiel, 1248 in den Besitz des Herzogtums Bayern überging und ab 1803 dem Staat gehörte. Es diente vorwiegend der Jagd, weshalb zur Fütterung des Wilds auf die Erhaltung fruchttragender Baumarten geachtet wurde. Im 19. Jahrhundert dominierte die Eiche im Neuburger Wald, danach machte sich auch die Fichte breit.

Der berühmteste Wilderer der Region war Sepp Sattler, genannt der „neue bayerische Hiasl", der im Jahr 1878 bei einem Schusswechsel mit der Polizei ums Leben kam. Seine Bezeichnung geht auf den „bayerischen Hiasl" Matthias Klostermayr zurück, den Anführer einer „gerechten Räuberbande" und ebenfalls Wilderer, der im 18. Jahrhundert zur Kultfigur und sogar zum Volkshelden hochstilisiert wurde. Er erpresste zum Beispiel Steuergeld, um es später in der Bevölkerung zu verteilen und tötete Amtspersonen, die gegenüber den kleinen Leuten ihre Macht missbrauchten. Er wurde im Alter von 35 Jahren 1771 zum Tode verurteilt, vor seiner Hinrichtung in eine frische Kuhhaut gewickelt und durch die Stadt zum Galgen an der Donaubrücke in der Stadt Dillingen geschleift. Klostermayr trank an Ort und Stelle noch ein Glas Wein, legte die Beichte ab und ließ sich anschließend widerstandslos vom Henker den Strick um den Hals legen. Nach der Erdrosslung hat man seine Knochen auf einer „Radbrechmaschine" zertrümmert, den Kopf mit dem Beil abgetrennt und den Leib in mehrere Teile zerschlagen, die in vier Städten öffentlich ausgestellt wurden.

Die Figur des „bayerischen Hiasl" lebt bis heute in zahlreichen Bühnenstücken, Liedern und Legenden weiter, darunter in Friedrich Schillers Drama „Die Räuber".

Im Dezember 1939 ereignete sich mitten in der Vorweihnachtszeit ein dramatisches Unglück über dem Neuburger Wald. Der Pilot eines zweimotorigen Kampfflugzeugs wollte wegen Vereisungen der Tragflächen auf einer Lichtung notlanden, schaffte es wegen plötzlich auftretenden Nebels jedoch nicht, die dafür geeignete Stelle am Rande des Forstgebiets zu finden. Die Maschine sank, rasierte dabei etliche Baumwipfel ab, zerschellte schließlich am Boden und brannte aus. Alle

Insassen kamen dabei ums Leben: der Kampfpilot und zwei weitere Soldaten, die für die Fernsicherung beim Polenfeldzug verantwortlich waren. Aufgrund der entstandenen Schneise im Wald konnte man die Spuren dieses Unfalls noch lange sehen.

Im April des Jahres 1945 wurden im Neuburger Wald 107 russische Kriegsgefangene von Mitgliedern der SS ermordet. Wachmannschaften trieben die Männer in den Wald, um sie dort hinzurichten. Der Pächter einer Wiese entdeckte später Kleidung, Schleif- und Blutspuren die Richtung Inn führten sowie Blutlachen auf seinem Grundstück. Eine Bewohnerin aus Neuburg sah mehrere Menschen am Waldrand knien, weinend und betend. Dann standen sie auf und mussten mit Spaten ihre eigenen Gräber schaufeln, bewacht von einem Soldaten mit Gewehr in der Hand. Einige der Gefangenen versuchten trotz Kälte über den reißenden Inn zu schwimmen und wurden von den MG-Schützen erschossen.

Verantwortlich für das grausame Massaker dürfte Karl Brück, zuvor Leiter des NSDAP-Kreises Wetterau, gewesen sein. Die Aktion durchgeführt hat vermutlich der frühere SS-Standartenführer Paul Kröger. Von beiden Männern verlor sich nach dem Krieg jede Spur.

***

Geistersichtungen und Spukerlebnisse im Neuburger Wald und rund um den Abrahamshof gibt es massenweise, beispielsweise soll in einem Umkreis von rund 20 Metern komplette Stille herrschen, nicht einmal Vögel seien zu hören.

Aber auch im Haus tummeln sich offenbar Jenseitige, glaubt man den Erzählungen der Personen, die sich widerrechtlich Zutritt verschafft haben.

Seltsam ist nur, dass sich die Beobachtungen teilweise kaum voneinander unterscheiden, obwohl sie von unterschiedlichen

Menschen zu unterschiedlichen Zeiten gemacht wurden: Eiseskälte in den Räumen auch im Hochsommer, obwohl den ganzen Tag die Sonne hineinscheint, wabernde Rauchschlieren ohne Feuer, zuschlagende Türen trotz Windstille, kleine und große Schatten an den Wänden, Schritte und andere Geräusche im Keller, Licht an der Rezeption, das von außen gesehen wurde, obwohl es zuvor im Gebäude komplett finster war … eine Person nahm sogar eine an der Bar sitzende schemenhafte Gestalt wahr.

Auch Geisterjäger haben das Innere des ehemaligen Hotels mit diversen Geräten untersucht und festgestellt, dass es in der Küche die größten Temperaturunterschiede gibt. Zudem hatten sie an einem Schalterpanel alle Hebel auf „Off" gestellt, später standen drei davon auf „On": „Küche Herd", „Küche Strom" und „Küche Heizung".

Einheimische verbreiten diverse Gerüchte, von dessen Wahrheitsgehalt sie überzeugt sind. So soll der Abrahamhof beispielsweise auf einem Judenfriedhof errichtet worden sein. Laut anderen Stimmen aus der Bevölkerung hätte bei einer Hochzeit in den 1990er-Jahren der Ehemann alle Gäste, seine Frischangetraute und dann sich selbst erschossen, als er erfuhr, dass ihn seine Gattin schon lange mit seinem besten Freund betrog. Manche wollen wissen, dass sich der ehemalige Besitzer des Hotels aufgrund hoher Schulden im Dachgeschoss erhängt oder ein Koch in Rage alle seine Kollegen inklusive sich selbst getötet hatte. Zudem soll im Keller eine Frau ermordet worden sein.

Zu den Hinweisen auf paranormale Aktivitäten aus den Neuburger Wald zählen Blutspuren auf dem Erdboden, die von Wanderern immer wieder gesichtet werden und hinterher nicht mehr auffindbar sind. Zahlreiche Ausflügler berichten darüber hinaus von starkem beißendem Brandgeruch, obwohl nach intensiver Suche keine Feuerquelle zu finden war.

Und dann gibt es da auch noch den spukenden Räuberhauptmann Matthias Klostermayr, den „bayerischer Hiasl". Der ist allerdings nicht in Neuburg am Inn, sondern in der rund 280 Kilometer entfernten Stadt Dillingen zu sehen. Er soll als ruheloser Geist in der Nähe seiner Hinrichtungsstätte an der Donaubrücke umherstreifen und wird in vielen Fällen als graues verkrümmtes Wesen mit zerfetzten Lumpen am Leib wahrgenommen. Andere Augenzeugen berichten, dass sie in einer Art Vision seine Hinrichtungen und die anschließenden Verstümmelungen seines Leibes wie einen Film vor sich ablaufen sahen, als sie sich am Donauufer nahe der Brücke aufhielten. Sein rund 100 Jahre später als Wilderer durch den Neuburger Wald streifender Spitznamensvetter, der „neue bayerische Hiasl", ist ebenfalls von Zeit zu Zeit als paranormale Erscheinung zu sehen, und zwar in Gestalt eines blutenden Mannes in Jägermontur.

Sepp Sattler geistert an der Stelle, an der er im Jahr 1878 begraben wurde: an der Mauer außerhalb des alten Friedhofs von Heining, der sich damals noch bei der Pfarrkirche St. Severin befand. Zuvor hatte sich der Sohn eines wohlhabenden Bauern, der wegen Wilderei und Diebstahls verurteilt und anschließend aus dem Gefängnis geflohen war, ein Feuergefecht mit der Polizei geliefert.

In Laufe seiner Flucht ermordete der „neue bayerische Hiasl" zwei Gendarmen, einen, als man ihn in einer Hütte im Wald stellen wollte, den anderen, während er in seinem letzten Versteck unter Beschuss geriet, kurz bevor er selbst tödlich verletzt zusammenbrach.

Seltener wird der „neue bayerische Hiasl" auch im Neuburger Wald gesehen, wo er schon einige Spaziergänger zu Tode erschreckte. Auch Hunde sollen extrem aggressiv auf seine feinstoffliche Anwesenheit reagieren.

Thomasbach (Markt Eichendorf)

Die Geisterkirche

Die ehemalige Einöde Thomasbach im Markt Eichendorf liegt abseits der Straße von Kammern Richtung Exing an der Vils in einem kleinen Seitental. Sie wurde ursprünglich als Tagmarespach (= Ort, an dem Pferde am hellen Bach weiden, später Taimersbach) in einer Urkunde von Papst Eugen III. 1148 erwähnt und befand sich an einer der wichtigsten Verbindungswege des Mittelalters, der Salzstraße. Es gab damals bereits ein Gotteshaus, das in erwähntem Schriftstück als Besitz des etwa 30 Kilometer entfernten Klosters Niederalteich angegeben wurde.

Bei Thomasbach handelte es sich um eine wohlhabende Ortschaft in jener Zeit, als sich die gesamte Region nahe der Handelsroute im wirtschaftlichen Aufschwung befand. Abseits der Straße standen drei bis vier Gebäude rund um ein Kirchlein, und wenn die frommen Bauersleute nicht gerade beteten, gingen sie emsig ihrer Tätigkeit auf den Feldern nach. Dank der Geschäftsreisenden, die immer wieder in der Ansiedlung Station machten, konnten die Landwirte gut von ihren Erträgen leben. Während in weiter abgelegenen Dörfern das Vieh vor Hunger in den Ställen brüllte, standen in Thomasbach wohlgenährte Kühe auf der Weide und rupften selbstvergessen Butterblumen von der Wiese.

Um 1210 scheint in den Unterlagen der reiche „Hof zu Taimersbach" auf, der ebenfalls dem Kloster Niederalteich gehörte. Der Advokat Graf von Boten verwaltete das Gut und kam hin und wieder angereist, um nach dem Rechten zu sehen.

In der zweiten Hälfte des 15. Jahrhunderts errichteten die gottgläubigen Einwohner das Kirchlein St. Vitus, einen Backsteinbau im Stil der Romanik. Das alte Gotteshaus war während eines Unwetters vom Blitz getroffen worden und abgebrannt.

In einem Taufregister der Pfarrei Kammern sind in den Jahren zwischen 1613 und 1637 zwölf Taufen, neun verschiedene Familiennamen und eine Hochzeit im Jahr 1618 in der neuen Kapelle verzeichnet. Im Jahr 1710 wurde der kleine Westturm an das Bauwerk gefügt.

Im 18. Jahrhundert siedelte sich die Familie Thomasbeck an, die einen riesigen Dreiseithof besaß, der sich bis 1830 direkt neben St. Vitus befand.

1863 erschien im Juni ein Aufruf im Kreis-Amtsblatt, dass der 1793 geborene Sebastian Weiß, Bauernsohn von Thomasbach, oder seine Nachfahren gesucht wurden. Der Mann galt seit den Feldzügen von 1814 und 1815 als vermisst und sollte nun eine Erbschaft in Empfang nehmen.

In der „Statistischen Beschreibung des Bisthums Passau" im Jahr 1867 ist nur noch die Existenz eines Hauses verzeichnet (im Jahr 1855 standen noch zwei Gebäude), in dem sechs Menschen lebten. Bei einer Volkszählung im Jahr 1961, also rund 100 Jahre später, wurden ebenfalls sechs Einwohner in einem Wohngebäude erfasst. Kurz darauf erfolgte die Absiedlung.

Auf Spurensuche in der ehemaligen Einöde wurden Reste einiger hölzerner Gutshöfe, ein Bauernhaus samt den Ruinen einer alten Scheune, ein Friedhof und das kleine Gotteshaus St. Vitus gefunden. Zudem zeugt eine lange Umfassungsmauer von der Existenz eines riesigen Anwesens aus dem 14. oder 15. Jahrhundert, unter Umständen ein Gehöft wohlhabender Bauern oder ein Kloster.

Im letzten intakten Wohnhaus stehen zum Teil noch Möbel in den Räumen, beispielsweise ein antikes Regal im Wohnzimmer. Vorsintflutliche Leitungen an den Wänden deuten auf die Verwendung von Gaslicht hin.

Das Kirchlein, das heute einsam und verlassen auf einem künstlich aufgeschütteten Hügel steht, verfällt zusehends. Der Putz bröckelt von den bemoosten Wänden, die Fensterscheiben fehlen und unter den Holzbalken hängen dicke Spinnweben und verlassene Vogelnester. Seit 1913 hat dort kein Gottesdienst mehr stattgefunden. Durch eine schwere Holztür, zu der man sich den Weg durch Brennnesseldickicht bahnen muss, gelangt man in das Innere des Gemäuers, auch der Westturm ist begehbar. Der aus der Zeit um 1600 stammende Hochaltar befindet sich heute in der Pfarrkirche von Kammern und wird als sakrales Kleinod bezeichnet.

Bereits im Jahr 1951, also noch vor der Absiedelung der letzten Einwohner aus Thomasbach, gab es Streit bezüglich der Erhaltung der Kirche.

***

Es gab im 19. Jahrhundert Gerüchte, die bis heute im Umlauf sind, dass es sich bei den rund 100 Jahre lang einzigen sechs Bewohnern von Thomasbach um alte Bewohner des Dorfs handelte, die dort bereits im Mittelalter lebten. Die letzten Menschen, in deren sterblichen Hüllen sie zuletzt geschlüpft waren, wurden zwar abgesiedelt, doch ihre Seelen befinden sich immer noch auf dem Gebiet der einstigen Einöde.

Sie halten sich allerdings angeblich nicht in dem letzten Haus auf, sondern als gläubige Katholiken in der Kirche St. Vitus. Aus diesem Grund wollte im Jahr 1951 der Bürgermeister von Exing auch verhindern, dass sich Handwerker an dem Gotteshaus zu schaffen machen, da er von der Existenz der Geister wusste. Er hatte sich zuvor auch gegen die „Vertreibung" der übriggebliebenen Bewohner in Thomasbach gewehrt, aber gegen den Mehrheitsbeschluss in der Gemeinde nichts ausrichten können. So jedenfalls erzählt man es sich in der Umgebung.

Tatsächlich berichten Besucher des ehemaligen Orts von unheilvollen Schwingungen, die sie rund um das kleine Gotteshaus bemerkt haben wollen.

Allerdings befindet sich laut Aussagen einer 72-jährigen Dame aus Eichendorf auch der Geist einer ihrer Vorfahren auf dem Gelände rund um St. Vitus – es handelt sich dabei um den vermissten Soldaten Sebastian Weiß. Er hat angeblich vor seinem Einzug in den Krieg erfahren, dass er Vater wird und komme daher nach seinem Tod immer wieder nach Thomasbach zurück, um sein Kind zu suchen. Seine Anwesenheit sei in der Kirche besonders stark spürbar, da er sehr religiös war.

Allerdings scheint es fast, als würden sich noch andere Nachfahren um die Benennung von Spukerscheinungen streiten. Ein Dr. Richard R. aus Passau beispielsweise will wissen, dass sein Urahn Graf von Boten, einst Hüter des „Hofs zu Taimersbach", auf dem Areal des einstigen Dorfs sein Unwesen treibt. Das zumindest behauptete ein Medium, das Kontakt mit dem Edlen aus Niederalteich aufgenommen hatte. Angeblich wäre ihm in Thomasbach großes Unrecht widerfahren, für das niemand zur Verantwortung gezogen worden war, weshalb er diesen Ort nicht verlassen kann.

Kloster Wessobrunn (Gemeinde Wessobrunn)

Die spukende Nonne

Wer das erste Kloster in Wessobrunn gegründet hat und wann genau es erbaut wurde, lässt sich nicht mehr bestimmen. Der Legende nach stiftete es Herzog Tassilo III. im Jahr 753 nach einem Traum von einer Quelle, von der aus kleine Bäche in vier Richtungen flossen und Engel auf einer Leiter in den Himmel stiegen. Als kurz darauf sein Jagdgefährte Wezzo während eines Ritts durch den Rotter Wald auf dem Erdboden einen Wasseraustritt in Kreuzform entdeckte, ließ der Edelmann an dieser Stelle ein Kloster errichten und nannte es „Monasterium Weszzofotanum". Die Quelle ist als barockes Brunnenhaus erhalten.

Die gängigste wissenschaftliche Annahme zur Gründung von Wessobrunn lautet, dass die Abtei in der zweiten Hälfte des 8. Jahrhunderts mit der ursprünglichen Bezeichnung „Uuezinesprunnin„ (vermutlich die Kombination aus einem Flurnamen und dem alten Wort für Quelle) von einer Adelsfamilie aus der Gemeinde Rott gegründet wurde. Sicher ist, dass der Bau inmitten des Pfaffenwinkels auf einem Hügel südwestlich des Ammersees zur Sicherung der Lechgrenze diente. Angesiedelt wurden Mönche aus dem großen Stift Benediktbeuern, die sich vorwiegend der Urbarmachung und Kolonisierung des Umlands sowie der Christianisierung widmeten.

Mit der Absetzung Tassilos III. und dem Beginn der Regentschaft von Karl dem Großen wurde Wessobrunn 788 karolingisches Reichskloster. Urkundlich erwähnt wurde das Kloster erstmals 817 in einem Verzeichnis aller Abteien im Land und tauchte im selben Zeitraum außerdem als Bestattungsort bekannter bayerischer Ahnherren auf. Einer davon war Albeck Töringer, der zu Zeiten Tassilos gelebt und dem Herzog als oberster Jägermeister gedient hatte. In jener Zeit galt das Münster alten Schriften zufolge als mittellos, sodass es dem Kaiser keine Abgaben für einen Kriegszug zu entrichten hatte, sondern nur Gebete beisteuern konnte. Die wirtschaftliche Situation blieb auch später angespannt, da die immer wieder von Ungarn einfallenden Reiterherden das Land finanziell stark belasteten. Herzog Arnulf war gezwungen, dem Konvent weitere Besitzungen wegzunehmen, weshalb er den Beinamen „der Böse“ erhielt.

Etwa um 955 ging die Abtei unter – wie, ist ebenfalls nicht genau bekannt. Vermutlich brannten sie die Ungarn nieder und ermordeten die fliehenden Mönche und einen Abt mit mehreren Schwerthieben auf dem nahen Kreuzberg. Eine dort platzierte Kapelle soll an den Ort des Martyriums erinnern. Bei dem Überfall wurden mutmaßlich auch alle Handschriften, die über die Entstehung des Klosters genaueren Aufschluss hätten geben können, ein Raub der Flammen.

Im Jahr 1064 haben Regensburger Benediktiner erneut ein Konvent in Wessobrunn gegründet. Ab 1080 hielt sich hier die 20-jährige Diemut auf, eine der begabtesten und fleißigsten Buchillustratorinnen des Mittelalters, die als Inklusin bis 1130 in einer Mauernische an dem Stift lebte – das Bauwerk selbst war für sie tabu, da es sich um ein Männerkloster handelte. Zwischen den Gebeten und ihrer Arbeit als Miniaturmalerin schrieb sie in wunderschöner Handschrift alte Texte ab, später verfasste sie auch eigene Werke. Unmittelbar nach ihrem Tod wurde in dem Ort auch ein Frauenkloster geschaffen, das sich an der Stelle der heutigen Pfarrkirche befand.

Zu dessen berühmtesten Nonnen zählte Wulfhild, die vierte Tochter des Welfen Heinrich dem Schwarzen, die nach dem Ableben ihres Gatten Graf Rudolf von Bregenz 1160 nach einzog. Sie stellte für Kranke aus allerlei Kräutern zubereitete Heiltränke her, half Notleidenden und betätigte sich als Friedensbotin innerhalb ihrer Familie. Aus diesen Gründen wurde sie 1668 seliggesprochen.

Nach einem Brand im Jahr 1220 erfolgte der Neubau des Münsters in etwas kleinerem Ausmaß und ohne einen Bereich für Nonnen.

Im 14. Jahrhundert drohte dem Orden aufgrund ökonomischer Schwäche zeitweilig eine „freundliche Übernahme" durch Zisterzienser. Herzog Albrecht IV. beendete diese Verfallsperiode 1498, indem er den Konvent kurzerhand auflöste.

Aufgrund einer Umstrukturierung blühte die Abtei im 16. Jahrhundert jedoch wieder auf, nachdem Mönche ausgetauscht und umfangreiche Ausbauten vorgenommen worden waren.

In den Werkstätten des Klosters als kulturellem Zentrum der Region entstand Ende des 17. Jahrhunderts die sogenannte Wessobrunner Schule, wo die Ausbildung in künstlerischen Handwerksberufen erfolgte. Allen voran die Stuckateure dominierten von dem Stift aus mit ihrem Können den Stil des gesamten süddeutschen Raums, Tirols und der Schweiz. Zudem bemühten sich die Äbte stets um die wissenschaftliche Ausbildung ihrer Mönche und förderten diese auch bewusst.

Es gingen im 18. Jahrhundert nicht weniger als 30 Professoren aus Wessobrunn hervor, die vor allem an der Salzburger Universität, aber auch an anderen Hochschulen lehrten. Im selben Zeitraum bildeten sich im Kloster einige Bruderschaften, die regen Zulauf erhielten.

Doch Anfang des 19. Jahrhunderts kam es zur Säkularisation – am 19. März erschienen „churfürstliche Aufhebungskommissare" im Kloster und überbrachten ein Schreiben der Generallandesdirektion. Das Dokument bemächtigte die Beamten, die Einziehung der kirchlichen Besitztümer vorzunehmen. Die 32 männlichen Insassen hatte man ausquartiert und bei Familien in der nahen Umgebung untergebracht, das Inventar versteigert und das Vermögen der Abtei dem Staat übereignet.

Die historisch wertvollsten Überreste in Form beweglicher Güter stellen heute ein großes romanisches Holzkreuz in der örtlichen Pfarrkirche, zahlreiche Werke aus der Klosterbibliothek und Plastiken im „Wessobrunner Saal" des Bayerischen Nationalmuseums dar. Als besonders kostbar gilt das „Wessobrunner Gebet" aus dem 9. Jahrhundert, das als Schöpfungsgedicht zu den frühesten poetischen Zeugnissen in althochdeutscher Sprache zählt.

Ab 1810 wurden große Teile der Anlage abgerissen und ausgeschlachtet, davor waren Türen, Fensterstöcke, Öfen und Kupferwerk herausgenommen bzw. durch Diebstahl entwendet worden. 1861 kaufte ein wohlhabender Historiker den Prälaten- und den Gästetrakt, um zumindest die letzten Reste der geschichtsträchtigen Mauern vor der Zerstörung zu bewahren. Erhalten blieb auch der massive Glockenturm, vermutlich vorwiegend deshalb, weil die Pfarrkirche in Wessobrunn kein Geläut besaß, das die Gläubigen zum Gottesdienst rufen konnte. Im sogenannten „Grauen Herzog", der ursprünglich nur über eine Leiter zugänglich war, versteckten sich einst die Bewohner der Abtei bei Gefahr. Das Erdgeschoss diente im späteren Mittelalter zeitweise als Gefängnis.

Im Jahr 1913 gelangte die Anlage in den Besitz von Missions-Benediktinerinnen, die in zwei der noch bestehenden Gebäudetrakte einzogen. Sie errichteten darin eine Kinderbetreuungsstätte und nach dem Zweiten Weltkrieg ein Jugendkurheim.

Heute befindet sich in dem einen Teil des Stifts eine Naturkosmetik-Firma, in den anderen zogen traditionelle Handwerksbetriebe und ein Seminarveranstalter ein. Im Garten der Anlagen wachsen verschiedenste Heilkräuter – wie einst, als die Nonnen und Mönche Heiltränke brauten. In einigen Räumen des ehemaligen Klosters werden von den Missions-Benediktinerinnen einzelne Gäste, die nach Ruhe und Kontemplation suchen, betreut, darunter viele Jakobspilger auf ihrem Weg von München nach Lindau oder Bregenz. Und zwischendurch versammeln sich die Schwestern, wie einst die Benediktinermönche zur Zeit ihres Lebens und Wirkens in Wessobrunn, mehrmals am Tag zum Stundengebet.

***

Besucher und Gäste des Klosters erzählen, dass sich der Frieden zwischen den Mauern nahezu materialisiert und physisch greifbar ist, sie berichten von einer Atmosphäre, die einen aufatmen und zur Ruhe kommen lässt. Nach wie vor ist das Bauwerk offenbar ein Ort der Stille und des Einklangs mit sich selbst.

Allerdings kommt es auf dem Areal auch laufend zu Geistersichtungen, glaubt man zahlreichen Augenzeugen. Wahrgenommen wird dabei eine spukende Nonne, die sowohl in alten Gängen, als auch im Außenbereich des Klosters herumwandert. Es könnte sich dabei um eine Schwester von Ritter Joseph Diethalm von Wileyhin, dem letzten Grafen von Weilheim handeln, die nach dem Tod des Bruders im August 1211 ins Kloster eintrat. Laut mündlicher Überlieferung hat sie das Ordensgelübde gebrochen und sich danach aus Angst vor den Konsequenzen und Scham in einem unterirdischen Gang des Schlosses ihrer Familie auf dem Gögerlberg verkrochen.

Dort starb sie kurz darauf, ohne noch einmal das Tageslicht erblickt zu haben – ihr Skelett wurde erst Jahre später entdeckt. Die junge Frau soll klagend im Nonnengewand sowohl auf dem Klosterareal von Wessobrunn herumgehen, wie auch auf dem Gögerlberg. Im Weilheimer Wochenblatt Nr. 48 aus dem Jahr 1841 heißt es, dass bis Anfang des 19. Jahrhunderts die Wanderer auf dem Weg zum Burgplatz zum Zwecke des Spukbanns Fichtenzapfen in eine bestimmte Vertiefung warfen – es handelte sich dabei um den einstigen Gang, in dem sich die Nonne auf ihrer Flucht aus Wessobrunn verbarg.

Laut Bevölkerung geht eine weitere Gestalt beim Glockenturm „Grauer Herzog", auch Römerturm genannt, um. Zu sehen ist dabei angeblich eine hagere weibliche Person mit aufgestecktem schwarzem Haar, bekleidet mit einem grauen Kleid und dunklen Schuhen. Sie soll den Bau immer wieder seufzend umrunden, ohne auf Zurufe zu reagieren, während ihre Blicke hektisch an den Mauern auf und ab wandern. Nähert man sich dem überirdischen Wesen allerdings, zerspringt es laut Erzählungen in tausend Einzelteile, nur um sich ein paar Meter weiter wieder zusammenzusetzen und mit seiner eifrigen Suche fortzufahren.

Einheimischen zufolge handelt es sich möglicherweise um die Gemahlin eines vor vielen Jahrhunderten im „Grauen Herzog" Inhaftierten, die nach dem Eingang in das ehemalige Gefängnis Ausschau hält. Oder der rätselhafte weibliche Geist ist die Seele der 20-jährigen Diemut von Wessobrunn, die in ihr Zuhause zurückkehren möchte – doch an der Stelle, an der sich einst ihre ans Kloster gemauerte Kammer befand, steht seit Mitte des 13. Jahrhunderts der Glockenturm.

Burg Wolfsegg (Gemeinde Wolfsegg)

Die Weiße Frau und das Echo aus der Vergangenheit

Die spätmittelalterliche Höhenburg liegt auf einem Felsen über dem Ortskern der Gemeinde Wolfsegg 15 Kilometer nordwestlich von Regensburg. Sie wurde vermutlich von ihrem ersten bekannten Eigentümer Wolf von Schönleiten aus dem gleichnamigen Adelsgeschlecht Mitte des 14. Jahrhunderts erbaut. Das Holz des ältesten erhaltenen Balkens aus dem Gemäuer ist allerdings rund 50 Jahre älter.

Die erste urkundliche Erwähnung der Festung stammt aus dem Jahr 1358, als Ludwig, der Herzog von Bayern, die Töchter des verstorbenen Erbauers mit der Festung belehnte. Aus dieser Zeit erhaltene Bemalungen sind noch heute zu sehen.

Um 1419 erfolgte die erstmalige Erweiterung der Burg, die anschließend bis 1469 in den Besitz der Herren von Laaber gelangte. Nach dem Aussterben dieser Linie haben die Wittelsbacher die Burg als oberbayerisches Lehen eingezogen.

Im 16. Jahrhundert wurden die Wohnräume im ersten Stock eingewölbt und mit einem Fußboden aus quadratischen Ziegelplatten versehen. Die darin befindliche Stube stellte die Kommando- und Kommunikationszentrale der Anlage dar, darin besprachen die Burgleute morgens ihr Tagesprogramm (einen so großen Betrieb am Laufen zu halten ist mit der Leitung eines Hotels vergleichbar) und verteilten die Aufgaben. In dem Raum führten Männer kleinere Handwerksarbeiten durch, hüteten und erzogen die Frauen ihre Kinder, hielten sich die

Haustiere auf und nächtigten die Gäste. Im Winter hing beißender Qualm vom einzigen Ofen in der Luft, der nicht abziehen konnte, da die Fenster des zugigen Baus bei Kälte vernagelt und mit Lumpen verstopft wurden. Im Sommer herrschte eine angenehme Kühle in der Stube, in der sich die Bewohner des Gemäuers abends den Schweiß vom Körper wuschen.

Im Inventar der Burg Wolfsegg befanden sich laut Verzeichnis von 1595 unter anderen Möbelstücken *1 Reisebett mit roten Atlasfürhäng* und *1 Kindlbett, darin ein Strohsack und ein Polster mit blaugewürfelter Ziech.*

Damit die Mägde schwere Eimer nicht über Leitern in die Räumlichkeiten hieven mussten, entstand im 16. Jahrhundert für einen bequemeren Zugang zum Wohnkomplex ein schönes Treppentürmchen aus verzierten roten Backsteinen.

Nach vielen weiteren Burgherren in der Folgezeit, darunter Mitglieder der Familien von Eck, Thumer und Götzengrien, sowie Um- und Ausbauten begann die Anlage im 18. Jahrhundert zu verfallen. Allerdings wurde sie dank ihrer strategisch uninteressanten Lage nie von feindlichen Truppen zerstört, weshalb ihre Bausubstanz aus dem Zeitalter der Gotik bis heute erhalten ist. Sie war vermutlich deshalb genau an der Stelle erbaut worden, weil es unter der Burg Wasser gab. Um an das wertvolle Nass heranzukommen, mussten die Dienstboten zwar auf einer Leiterkonstruktion viele Meter in die Tiefe der Tropfsteinhöhle klettern, es dafür aber nicht von der Kilometer entfernt gelegenen Naab holen. Bevor das Gesinde Wasser in die Eimer füllten, leerten sie allerdings zuerst die mitgebrachten Abfälle aus.

1721 fiel die Festung an den Herzog zurück und wurde neuerlich jahrzehntelang weitergereicht, bis sie 1886 schließlich als Schenkung der Familie Oberndorfer zur Gemeinde Wolfsegg kam, die den Bau zum Teil als Schule und als Heim für arme Bürger nutzte. Nach weiteren Umgestaltungen setzte erneut ein Verfall ein, der erst im Jahr 1933 mit dem Erwerb durch eine

Privatperson gestoppt wurde. Es handelte sich dabei um Georg Rauchenberger, einem Maler, Dichter und Liebhaber historischer Bauwerke, der die Anlage nach seinem Tod einem von ihm im Jahr 1970 gegründeten Kuratorium vermachte. Sofort nach dem Kauf begann Rauchenberger mit umfangreichen Restaurierungsarbeiten, die erst 1989 vollständig beendet waren.

Bei Grabungen im Burghof, dessen ehemals unebener Felsenboden über die Jahrhunderte hinweg vom Dung des dort gehaltenen Viehs und ausgekippten Mülls begradigt wurde, fanden sich zahlreiche Gebrauchsgüter aus der Ritterzeit.

Heute ist in einigen Räumlichkeiten der Schauburg die Dauerausstellungen über das Leben auf einer Oberpfälzer Festungsanlage zu sehen. Die Sammelobjekte erzählen zudem Geschichten über den Minnesang in der Region. Einige geben auch Einblick in die Stellung der Frau im Mittelalter, die beispielsweise durch einen Holzschnitt aus dem Jahr 1525 nachvollziehbar wird. Das Kunstwerk trägt die Titelzeile *Diese Figur sol man anschawen. Die bedewtet ein weyse Frawen.* Zu sehen ist ein Burgfräulein mit Pferdefüßen, das in der rechten Hand ein Gefäß zur Labung Hilfsbedürftiger und in der linken eine Christusdarstellung hält. Um die Leibesmitte winden sich verknotete Schlangen als Symbol für die gefesselte Lust, der Mund wird mit einem Schloss versperrt.

Im Rittersaal, in dem einst rauschende Feste mit orgiastischem Charakter stattfanden und die betrunkenen Gäste auf Strohbetten nächtigten, sind Waffen und Rüstungsgegenstände aus dem 14. bis 18. Jahrhundert ausgestellt.

In den Wohnräumen findet sich eine gut erhaltene Küche. Im Mittelalter wurde vorwiegend Fleisch vom eigenen Vieh, bestrichen mit Gewürzmischungen, auf einem Spieß gebraten. Dazu gab es Wurzelgemüse, Kohl, Rote Rüben und Pastinaken, zum Nachtisch servierten die Dienstboten Beeren mit Honig. Es gab damals auch schon „Tischzuchten“, etwa: *Derjenige ist ein ehrloser Sack, der sich über die Schüssel beugt und mit dem Mund ebenso laut schmatzt wie ein Schwein: Der soll beim Vieh essen.*

In einem Teil des Kellergewölbes befindet sich ein Höhlenmuseum. In den Räumen unter dem Dach, die gegenwärtig als Lager verwendet werden, quartieren sich jeden Sommer Dutzende Fledermäuse in den hohlen Balken ein. Spezielle Dachziegel ermöglichen den Tieren nachts einen problemlosen Ein- und Ausflug.

An das Wohngebäude schließt ein halbrunder Mauerturm mit einem Zugang zum Wehrgang über der Ringmauer an, der umlaufend begehbar ist.

Im Felsen unter dem altersgrauen Bau befindet sich eine etwa 500 Meter lange Tropfsteinhöhle, ab 1911 einige Jahre lang für Besucher geöffnet, die heute nicht mehr zugänglich ist. Bei Säuberungs-, Forschungs- und Instandhaltungsarbeiten ab Mitte der 1950er-Jahre wurden darin neben uralten Abfällen der stets von Entsorgungsproblemen geplagten Burgbewohner auch einige Skelette, Überreste von einem urzeitlichen Bären und der Schädel eines fünfjährigen Kindes gefunden.

***

Es kam schon relativ früh zu Berichten seltsamer Ereignisse von den Burgleuten, die auch schriftlich erfasst sind. So sollen im 18. und 19. Jahrhundert unerklärliche und schaurige Geräusche aus der Höhle gehört worden sein, die laut Ohrenzeugen weder tierisch noch menschlich klangen.

Heute ist man davon überzeugt, dass Wilderer unter der Burg ihre Beute versteckten oder obdachlose Familien Unterschlupf fanden. Was genau man in der Festung oben gehört hat und warum man sich sicher war, dass die Töne keines natürlichen Ursprungs waren, konnte nicht mehr eruiert werden.

Darüber hinaus wurde zu Beginn des 20. Jahrhunderts von Bewohnern der Festung erzählt, dass der Burgturm schwankte und sich rund einen Meter in die Tiefe neigte, während es im Berg „fürchterlich rumpelte". Es soll so bedrohlich gewesen sein, dass der Pfarrer die Glocken läutete, damit das Grauen ein Ende nähme. Angeblich kam der „Spuk" aus der Höhle, von der Teile einstürzten, wodurch ein Beben ausgelöst wurde.

Es gibt auch eine Sage von der Weißen Frau, deren Existenz auf den Volksglauben des „lebendigen Leichnams" zurückgehen soll.

Laut einigen Quellen handelt es sich bei diesem Geist um Klara von Helfenstein, die Angetraute des einstigen Burgherrn Ulrich von Laaber. Der gewinnsüchtige Burgherr überredete im Jahr 1463 seine Gattin dazu, sich mit dem Betreiber der Hammermühle von Heitzenhofen einzulassen. Sie sollte Georg Moller bezirzen und zum Verkauf seines Besitzes an ihren Ehemann überreden. Unglücklicherweise verliebte sich die junge Frau in ihren Verehrer, was den Gemahl derart erzürnte, dass er zwei Bauernburschen anheuerte und sie erstechen ließ.

Anschließend verscharrte er die Leiche seiner Gemahlin nachts im Burghof. Bei Grabungen an dieser Stelle im Rahmen der Restaurierungsarbeiten fand man auch tatsächlich Verwesungserde. Georg Moller soll sich Jahre später, als er erfuhr, wer für Klaras Tod verantwortlich war, fürchterlich gerächt haben. Er ermordete Ulrich sowie dessen beiden Söhne im Jahr 1469, womit ein Zweig des Geschlechts der Laaber erlosch.

Von der Weißen Frau auf der Burg Wolfsegg haben bereits viele Menschen berichtet, darunter auch der Retter der historischen Anlage Georg Rauchenberger. Er brachte den Geist mit einem Frauengemälde in Verbindung, das sein Vater als Kostümstudie des 16. Jahrhunderts gemalt und Rauchenberger in der Burg aufgehängt hatte, und vermerkte dazu im Jahr 1952: *Ist sie die schöne Unbekannte, um die die Sage von der Weißen Frau auf Wolfsegg sich spinnt, die heute noch, nach Jahrhunder-*

ten, irdische Ziele sucht, wenn sie hin und wieder als astralisches Leuchten durch die dämmerigen Räume der Burg huscht und schließlich in der Weitzkammer zerfließt?

Interessanterweise hat ein Wiener Medium im Jahr 1968 als Tatort des Mords, ohne von den Aufzeichnungen Rauchbergers zu wissen, genau diesen Raum erwähnt: „Ich sehe Männer in mittelalterlicher Kleidung in die Weitzkammer gehen. Am Fenster sitzt eine junge Frau. Sie hat Angst vor den Männern, die auf sie zugehen. Einer ist ihr Ehemann, die beiden anderen sind Gehilfen. Sie werfen die Frau zu Boden, einer sticht sie mit dem Messer nieder."

Im Jahr 1973 sah Rauchberger den Geist erneut, und zwar im nächtlichen Burghof als hellen nebelartigen Streifen, der sich langsam auflöste. Über diese Begebenheit berichtet Franz Hummel, ein Stammtisch-Kumpel von Rauchenberger, folgendermaßen: „Ich erinnere mich ganz genau, es war der 27. Juni 1973. Wir saßen im Wohnraum und haben ein wenig über die Renovierung der Burg geredet, als der Georg plötzlich aufsprang und in den Hof lief. Aufgrund der sommerlichen Hitze hörten wir ihn durch die offenen Fenster schreien: ‚Kommt's runter, kommt's runter, jetzt glaub ich's auch, dass es eine Weiße Frau gibt.' Wir sind hinuntergelaufen und haben den aufgeregten Mann gefragt: ‚Ja was hast du dann g'sehen?' Er antwortete: ‚Eine phosphorierte Kugel, die dann als Nebel zergangen ist in dem Turmeck.' Das war schon sehr gruselig!" Auch später wurde Klara immer wieder als weiße, nebelartige Erscheinung gesehen.

Besonders viele Erlebnisse mit der Weißen Frau hatte das Ehepaar Pielmaier, das als Hausmeister die Burg bewohnte.

Hedwig Pielmaier: „Plötzlich tauchte im Geäst des Nussbaums schemenhaft eine weiße Gestalt auf. In der Aufregung holte ich meinen Mann aus dem Bett. Auch er konnte das alles wahrnehmen. Immer wieder erschien das Licht im Burghof – und verschwand dann hinter der Mauer.

Aber auch Nachbarn haben die Spukgestalt gesehen, wie etwa Maria Bach, die gegenüber der Festung wohnt. Sie hörte einmal in ihrem Haus neben der Dorfkirche ein Klingeln, das aus Richtung der Festungsanlage ertönte, obwohl sich dort niemand aufhielt. Als sie zur Burg hinaufschaute, sah sie ein Licht, das hell strahlte und wieder verging. Sie machte sich Sorgen wegen vermuteter unbefugter Eindringlinge und weckte ihren Mann. Als sie nachschauten, fanden sie alle Eingänge verschlossen vor. Es wurde auch nie ein Einbruch gemeldet, der in jener Nacht stattgefunden hätte.

Allerdings spukt auf Wolfsegg nicht nur Klara oder eine andere Weiße Frau, sondern möglicherweise auch das kleine Kind, dessen Schädel bei Aufräumarbeiten in der Tropfsteinhöhle gefunden wurde. Es gibt offenbar so etwas wie ein Echo aus der Vergangenheit, das die Gäste der Burg vernehmen.

Die einen hören eine Art blechernes Weinen, die anderen ein leises, hohl klingendes Schluchzen – beide Geräusche sind „irgendwie plötzlich im Ohr, obwohl niemand zu sehen ist". Andere riechen von einer Sekunde auf die andere verwesendes Fleisch und fauliges Gemüse. Vorwiegend wahrgenommen werden die schauerlichen Töne und ekelhaften Gerüche im Burghof, wo einst die Kinder der Rittersleute zwischen Kühen und Schweinen neben den Müllbergen spielten und es bestialisch gestunken haben muss. Stammen diese Sinneseindrücke tatsächlich aus früheren Zeiten oder wehen sie aus einer parallel existierenden in unsere Welt?

Einige Besucher sehen auch ein kleines Wesen still in einer Ecke sitzen, laut mehrheitlichen Zeugenaussagen handelt es sich um einen kleinen Jungen. Es bewegt sich nicht und starrt sein Gegenüber nur aus großen, schreckensgeweiteten Augen an und zerbröselt zu Asche und wird von einer eisigen Windbö weggeweht, wenn man sich ihm nähert. Viele Leute sehen an der Stelle, an der dieses Kind sitzen soll, einen unbeweglichen Schatten an der Mauer.

Rechtsanwaltspraxis Adam (Stadt Rosenheim)

Der Poltergeist

Es war an einem regnerischen, trüben Sommernachmittag im Jahr 1967, als die Anwaltskanzlei des 62-jährigen Rechtsanwalts Sigmund Adam in Rosenheim, Königsstraße 13, zweiter Stock, erstmals zum Schauplatz seltsamer Vorkommnisse wurde.

Der Jurist beugte sich gerade zu seiner 19-jährigen Sekretärin Annemarie Schaberl hinunter, um sie auf einen Fehler in dem von ihm diktierten Brief hinzuweisen, als das Licht im Raum zu flackern begann. Dr. Adam seufzte und murmelte so etwas wie „Die verflixte Leitung!" Gleich darauf vernahm er ein leises Quietschen, das ihm eine Gänsehaut über den Rücken jagte. Die junge Frau sah mit verständnisloser Miene zu ihm auf, auch sie hatte das Geräusch gehört. Gleich darauf verlosch das Licht der Deckenlampe, und als der Anwalt zu der Leuchte emporblickte, konnte er seinen Augen nicht trauen: Die Glühbirne hatte sich aus ihrer Fassung gedreht.

Annemarie Schaberl kicherte nervös und versicherte ihrem Chef, sich um die Sache zu kümmern. Kopfschüttelnd marschierte Dr. Adam in sein Büro und warf die Tür hinter sich ins Schloss.

Und so begann der Spuk, der die kleine Kanzlei bis Anfang des Jahres 1968 in Atem hielt und zahlreiche Menschen beschäftigte: Handwerker ebenso wie Parapsychologen – das Rätsel lösen und Problem beheben konnten allerdings weder die einen noch die anderen.

Zunächst wirkten die seltsamen Ereignisse noch wie zufällig und waren auf das Stromnetz beschränkt. Zuerst vermutete der Anwalt nachlassende Leistungen des Energieversorgers, woraufhin der Kanzleivorsteher Johannes Engelhard nach einiger Zeit einen Fachmann zurate zog. Der schloss sich nach eingehender Begutachtung der Meinung seines Kunden an und installierte ein Messinstrument, das tatsächlich Unregelmäßigkeiten und Schwankungen der Werte verzeichnete. Für dieses Phänomen gab es allerdings keine plausible Erklärung, da andere Hausbewohner, die ihren Strom beim selben Anbieter bezogen, keine Probleme mit der Versorgung hatten.

Der Monteur Bauer aus dem örtlichen „Elektrohaus Stern" am Max-Josefs-Platz installierte neue Beleuchtungskörper und murmelte bei der Untersuchung der scheinbar defekten alten Lampen: „Da hat doch einer dran gedreht!" Doch kaum wollte der Experte den Raum verlassen, knallte es in den wenigen Minuten zuvor montieren Neonröhren und das Licht verlosch. Nun glaubte der gute Mann an Hexerei und verließ mit gesträubtem Nackenhaar die Anwaltspraxis. Die Wohnung wurde an einen unabhängigen Generator angeschlossen, damit die „Probleme" im Haus nicht um sich griffen – Besserung brachte diese Vorsichtsmaßnahme für Dr. Adam allerdings keine. Elektromeister Brenner vom „Elektrohaus Stern" verständigte daraufhin das Prüfamt des Rosenheimer E-Werks.

Der Rechtsanwalt führte indes einen „Trampeltest" im Zimmer oberhalb seiner Kanzlei durch, da er sehen wollte, ob er auf diese Weise die Lampen zum Schwingen bringen konnte – erfolglos. Ein weiterer Experte rückte an und konzentrierte sich auf den Verkehr vor dem Haus, führte zudem Tests mit elektrostatischen Aufladungen durch – ergebnislos.

Die Phänomene hatten von Anfang an auch in schwachem Ausmaß das Telefonnetz betroffen und weiteten sich in der Folgezeit mehr und mehr aus. Dr. Adam beschwerte sich über abgebrochene Gespräche in seinem Büro, während sich zugleich die monatlichen Kosten durch bis zu 600 Anrufe bei der Zeitansage mit der Nummer 0119 innerhalb weniger Wochen vervielfachten. Der Anwalt verdächtigte seine Kanzleimitarbeiterin, Urheberin der Vorfälle zu sein und vermutete, sie wolle sich wegen eines Tadels Wochen zuvor bei ihm rächen. Annemarie Schaberl versicherte, nichts mit der Sache zu tun zu haben, und gab außerdem an, dass auch sie betroffen wäre, da auf ihrem Platz das Telefon ständig klingelte und keiner sich meldete, wenn sie abnahm.

Eines Tages läutete es, als der Anwalt neben ihr stand, und so ging er selbst an den Apparat. Nachdem er resolut seinen Namen gebrüllt hatte, hörte er ein Knistern in der Leitung und danach ein hämisches leises Kichern, das aus der Muschel in sein Ohr drang.

Erzürnt meinte Dr. Adam, es wäre vielleicht der Freund seiner Sekretärin, der mit ihr unter einer Decke stecke, ließ sich dann jedoch von der Unschuld der in Tränen aufgelösten jungen Frau überzeugen.

Am 19. Oktober rief Annemarie Schaberl aufgeregt ihren Vorgesetzten zu sich, weil sich der Zeiger der Telefon-Zähleruhr von ganz alleine bewegte. Die Post, die man bereits in das Geschehen involviert und die alle Apparate ausgetauscht hatte, um die Gespräche der Kanzlei aufzuzeichnen, protokollierte zur selben Zeit ein Anwählen der Zeitansage. Die Fachleute erklärten sich den „unsichtbaren Anrufer" mit Impulsen, die irgendeine nicht identifizierte Kraft durch die Leitungen schickte.

Die kurz darauf herbeigerufenen Strom- und Fernmeldeexperten von der Firma Siemens prüften die Leitungen, waren aber bald am Ende ihrer Weisheit.

Die Stromspannungsschreiber zeigten in den Momenten, in denen es im Büro vor elektrischen Spannungen knisterte und bei Einladungen knallte, die Lampen schwangen und andere seltsame Dinge vorfielen, 50 Ampere an (die normale Stromstärke liegt bei Werten bis zehn Ampere).

Und auch die Polizei, die Kanzleivorsteher Johannes Engelhard wegen des entstandenen finanziellen Schadens gerufen hatte, konnte sich keinen Reim auf die mysteriösen Ereignisse machen. Die Beamten erklärten sich bereit, die Kanzlei näher in Augenschein zu nehmen, fanden jedoch keinerlei Spuren oder Hinweise auf den vermeintlichen „Scherzbold“. Einer der Männer, der die junge Schreibkraft verdächtigte, revidierte seine Meinung und verließ eilig die Kanzlei, nachdem er Zeuge einiger Vorfälle geworden war. Anfang November erstattete Dr. Adam Anzeige gegen Unbekannt.

Am 16. November rückten drei Revisoren, darunter Erich Schartel vom Prüfamt des Rosenheimer E-Werks, mit Kabeln, Stromspannungsmessern und anderem Gerät an – alle plombiert, um manuelle Eingriffe und Manipulation auszuschließen.

Im Laufe ihrer vier Wochen lang dauernden Tätigkeit in der Rechtsanwaltspraxis Adam erlebten die Fachleute zahlreiche Phänomene, die vom stellvertretenden Betriebsleiter des E-Werks, dem 49-jährigen Paul Brunner, genauestens protokolliert wurden. Gleich zu Anfang stellten sie fest: Das Voltmeter registrierte das selbstständige Herausdrehen einiger Lampen aus ihrer Fassung nicht. Als es wieder einmal im Raum knallte, wurde in Bezug auf den Stromschreiber festgehalten: *Höchst eigenartig ist die Tatsache, dass die Umkehr der Schreibfeder am maximalen Ausschlagspunkt in einer Schleifenform erfolgte und nicht wie üblich, völlig geradlinig.* Kurz darauf verursachte ein Vollausschlag am Registriergerät der Stadtwerke einen Riss im Papier, so enorm war die einwirkende Kraft.

Als am 21. November das Lumoprint-Kopiergerät ohne erkennbare Ursache Flüssigkeit im Büro verteilte und dabei einige wichtige Akten vernichtete, verlor der Anwalt nicht nur allmählich die Nerven, sondern begann darüber hinaus an seinem Verstand zu zweifeln. Der rational veranlagte Jurist glaubte zwar nicht an Geister, weil Spuk jenseits seiner Vorstellungskraft lag, bekam es aber trotzdem langsam mit der Angst zu tun. Der Jurist beschloss, studierte Wissenschaftler um Hilfe zu bitten.

Doch auch die Revisoren und ihr Chef führten ihre Arbeit fort. Am 23. November kontrollierte Paul Brunner mit einem seiner Mitarbeiter die in der Nähe liegende „Autoreparatur-Werkstätte Margreiter“ auf eine eventuelle Verwendung von Schweißtransformatoren, die unter Umständen Störimpulse hätten abgeben können. Anschließend besichtigten sie das auf derselben Straßenseite liegende Arzt-Ambulatorium für Röntgenologie von Dr. Pummerer, von dem man wusste, dass er hochmoderne Isotopen- und Kobalt-Strahlungsgeräte besaß. Beide Untersuchungen im Zusammenhang mit den Ereignissen in der Anwaltspraxis führten zu keinem Ergebnis.

Ein paar Tage später wurden zum Schutz gegen herumfliegende Glassplitter Nylonnetze über die Lampen gespannt. Bei den Schwingungen der Beleuchtungskörper, die dabei hin und wieder zerplatzten, wurden bis zu 55 Zentimeter Radius gemessen.

Ab 1. Dezember quartierten sich abwechselnd Physiker und Wissenschaftler von der Technischen Hochschule München und vom Max-Planck-Institut sowie eine Gruppe „Geisterjäger“ unter der Leitung des Freiburger Professors und Parapsychologen Hans Bender in den Räumlichkeiten des Juristen ein und begannen mit ihren Nachforschungen.

Währenddessen war auch die Presse auf den „Spuk in der Anwaltskanzlei“ aufmerksam geworden, die Medien berichteten täglich über neue Ereignisse.

Neben dem Ergründen der Ursache für die wundersamen Vorfälle waren vor allem die Geisterjäger auch an handfesten Beweisen für die Existenz überirdischer Kräfte interessiert. Sie installierten diverse Geräte und hofften, mithilfe von Film- und Tonaufnahmen, Röntgenstrahlen, Ultraschallwellen und Temperaturmessungen dem Mysterium auf die Spur zu kommen. Nach etwa zwei Monaten hatte die Gruppe von Hans Bender einige spektakuläre Phänomene beobachtet und protokolliert.

Dazu zählten beispielsweise ein durch den Raum wandernder 180 Kilogramm schwerer Büroschrank, sich von alleine auf- und zu schiebende Schreibtischladen und an der Wand rotierende und wackelnde Bilder. In allen diesen Fällen sah es aus, als würden unsichtbare Hände die Gegenstände bewegen, während die installierten Geräte in jener Zeit nur wenige Unregelmäßigkeiten, wie etwa starke Temperaturschwankungen, einfingen. Die Ratlosigkeit der Wissenschaftler wechselte sich mit ungläubigem Staunen ab.

Am 4. Dezember wurden die zwei Kripobeamten Seitz und Wendl Zeugen einiger seltsamer Vorfälle, die sie mit Schrecken dokumentierten.

Am 11. Dezember sah Paul Brunner, wie sich ein goldgerahmtes Ölgemälde mit Lilien, Margeriten und Glockenblumen so weit verdrehte, dass sich der Aufhängdraht am Haken verwickelte. Manuell bewegt worden konnte das Bild nicht sein, da sich nur er und Annemarie Schaberl im Raum befanden und rund drei Meter von der Wand entfernt miteinander plauderten. Der Fachmann zeigte sich überfordert von der Situation und verfasste einen abschließenden 26-Seiten-Bericht an seine Direktion. Fazit: *Das Stromversorgungsnetz war von Anfang an einwandfrei in Ordnung. Für diese Erscheinungen müssen für die Technik bisher unbekannte Kräfte verursachend sein.*

Währenddessen war dem Parapsychologen Hans Bender aufgefallen, dass sich die unerklärlichen Phänomene ohne bekannte physikalische Ursachen und Gesetzmäßigkeiten fast ausschließlich in der Nähe von Annemarie Schaberl ereigneten. Seine Theorie lautete, der mittlerweile als Poltergeist identifizierte personengebundene Spuk nutzte die Energie der recht gefühlsbetonten jungen Frau als Trägermedium für seine Manifestationen. Der Erforscher übersinnlicher Begebenheiten wies darauf hin, dass Jugendliche und psychisch instabile Menschen unwissentlich über mediale Fähigkeiten verfügen und unbeabsichtigt derlei Vorfälle auslösen können. In der

Wissenschaft wird dieses Phänomen als „spontane Psychokinese“ bezeichnet, wonach die sogenannte „Fokusperson“ durch überschüssige Emotionen oder Energie, möglicherweise in Kombination mit einer persönlichen Krise, psychischer Labilität und geringer Frustrationstoleranz, Gegenstände unbewusst und ohne direkten Kontakt in Bewegung setzen kann. Durch die Aufmerksamkeit gebündelt mit der Hysterie oder Angst aufgrund der Ereignisse, erhält der Poltergeist neue Nahrung und wird immer stärker und mächtiger.

Die Sekretärin wurde vorübergehend beurlaubt, worauf die Phänomene augenblicklich ausblieben. Dr. Adam selbst behauptete neuerlich, Annemarie Schaberl hätte sich an ihm gerächt und deshalb diesen Schabernack getrieben.

Es existierte allerdings auch das Gerücht, die Anwaltspraxis wäre schlecht gelaufen, weshalb Chef und Angestellte zusammen die gespenstischen Aktionen inszenierten. Sie sollen die Leitungen und Geräte manipuliert und danach die Wissenschaftler ins Büro gelockt haben, damit die alle Vorkommnisse dokumentierten.

Die beiden hofften, dass auf diese Weise die Presse auf den Anwalt aufmerksam werden und ausführlich berichten würde, was ja auch geschehen war. Der clevere Jurist soll gehofft haben, dass daraufhin neue Klienten seine Dienste schon rein aus Neugierde oder Sensationslust in Anspruch nahmen. Diese Interpretation stützte die Tatsache, dass Dr. Adam seine Sekretärin später für kurze Zeit an den Arbeitsplatz zurückholte. Gegen diese Annahme sprachen zahlreiche unerklärt gebliebene Aktionen und der entstandene Schaden in Höhe von rund 15.000 DM.

Annemarie Schaberl hat angeblich später einmal ihrem Chef gegenüber geäußert: „In dem Moment, als ich dachte, jetzt müsste bald wieder die Zähleruhr weiterlaufen, hat sich der Zeiger auch schon bewegt.“ Zudem gestand sie, in jener Zeit viel aufgestaute Wut mit sich herumgetragen sowie an latenten Aggressionen, Reizbarkeit und Frust gelitten zu haben. Die Arbeit hätte sie genervt und sie wäre verzweifelt wegen eines zerbrochenen Eheversprechens gewesen. Als sie ausgeglichener wurde und ihre private Situation sich entspannte, beruhigte sich die paranormale Aktivität langsam. Sie hörte komplett auf, als die Angestellte heiratete und kurz darauf die Kanzlei verließ. Sie war von Mitte 1965 bis Februar 1968 bei Dr. Sigmund Adam als Schreibkraft tätig gewesen.

Allerdings erfuhr man später, dass es auch danach an weiteren Arbeitsplätzen der jungen Frau zu unerklärlichen Ereignissen kam. Im Jahr 1975 erklärte Annemarie Schaberl gegenüber der BBC: „Ich habe in Regenfelchen in einer Papierfabrik gearbeitet, und es gab einen Unfall, bei dem ein Mann ums Leben kam. Die Arbeiter gaben mir die Schuld." Später zog sie nach München, wo sich ihre Spur verlor.

Zweieinhalb Jahre nach den Ereignissen in der Kanzlei zog der Jurist vor Gericht. Er prozessierte allerdings nicht gegen seine ehemalige Angestellte, sondern gegen das Autorentrio Albin Neumann (Künstlername Allan), Herbert Schiff und Gert Gunther Kramer, das ein Buch mit dem Titel „Falsche Geister – echte Schwindler" auf den Markt brachte. Es enthielt eine kritische Stellungnahme über die „Geisterschaukel von Rosenheim", wobei man zu dem Ergebnis kam, die Öffentlichkeit sei durch Tricks hinters Licht geführt worden. Die Verfasser des Werks hätten die Anwaltspraxis bereits während der Vorfälle mit dem Einverständnis von Dr. Adam besucht und dort einige Indizien für einen handfesten Betrug gefunden. Sie wollen beispielsweise einen Nylonfaden entdeckt haben, der an der Decke des Flurs an einem Gasrohr befestigt war. Er hing abgerissen unmittelbar neben einer der angeblich von alleine schaukelnden gusseisernen Lampen, das andere Ende befand sich einem Kettenglied derselben. Über den Rechtsanwalt schrieb das Autorentrio: *Er liebt seine Geister! Er läßt sich seinen Spuk nicht nehmen. Er ist aufs Okkulte abonniert.*

Die Glaubwürdigkeit der Aussagen betreffend den Nylonfaden muss allerdings ernsthaft bezweifelt werden, da es für das Schwingen der Lampen stets mehrere Zeugen gab, die gewiss bemerkt hätten, wenn der Vorgang manuell herbeigeführt worden wäre.

Der in seiner Ehre gekränkte Jurist hatte versucht, eine einstweilige Verfügung gegen die Veröffentlichung des Buchs zu erwirken. Er fürchtete um seinen guten Ruf, den er in Rosenheim als Anwalt und erster Vorsitzender des „Wirtschaftlichen Verbands der Stadt Rosenheim e.V." genoss. Da seine Einwände abgeschmettert worden waren, machte sich 1970 eine zweite Kammer im Landgericht Traunstein (eine erste Kammer bezeichnete sich als befangen) auf Wahrheitssuche. Im Archiv der Stadt befinden sich neun Kästen mit Dokumenten zu diesem schwierigen Fall, in dem es letztlich zu einer Einigung zwischen den Autoren und dem Juristen kam: Es musste eine abschwächende Erklärung vor das betreffende Kapitel in das Buch eingeklebt werden. In dem Text stand, dass Rechtsanwalt Adam den Kampf gegen Geisterglauben begrüßte, aber davon überzeugt wäre, dass es für die geschilderten Vorgänge in seiner Kanzlei keine naturwissenschaftliche Erklärung gäbe. Am Ende hieß es: *Die Parteien sind sich darüber einig, dass sie in „Die Geistergeschichte von Rosenheim" nur Möglichkeiten einer Manipulation aufzeigen, nicht aber behaupten wollten, dass die Ursachen für die Vorkommnisse in der Kanzlei des Rechtsanwalts Adam damit geklärt wären.*

Bis heute konnte der sogenannte „Spuk von Rosenheim" nicht zufriedenstellend aufgeklärt werden. Durch die zahlreichen Aufzeichnungen durch Wissenschaftler, Ermittler und Forscher und deren Equipment zählen diese Phänomene aber zumindest zu den am besten untersuchten und dokumentierten Erscheinungen der jüngeren Vergangenheit. Sämtliche Aufzeichnungen, Testergebnisse und Berichte über den Fall befinden sich im Stadtarchiv von Rosenheim.

***

Das Haus in der Königstraße 13, erbaut 1875, wird heute zum Großteil als Verwaltungsgebäude der Stadt Rosenheim genutzt. Einer der Männer, der am 16. November in Dr. Adams Kanzlei Stromspannungsmesser und andere Geräte anschloss, wurde Zeuge einiger Vorfälle. Im November 2017 nahm Erich Schartel 50 Jahre nach dem „Spuk in Rosenheim" noch einmal Stellung dazu.

„Was damals passiert ist, vergisst man nicht, mein Weltbild hat sich dadurch verändert", sagte der heute 75-Jährige bei seinem Vortrag im Vereinslokal der Freien Turnerschaft in Rosenheim. Mitgebracht hatte er den originalen Revisionsbericht und eines der Strom- und Spannungsmessgeräte, mit denen damals versucht worden war, den unerklärlichen Stromschwankungen in der Anwaltskanzlei auf die Spur zu kommen. „Was da für Kräfte am Werk waren, ist für mich auch heute noch unglaublich", erzählte Schartel. „Die Tinten-Nadeln in den Strom- und Spannungsmessgeräten waren so hauchdünn, dass sie eigentlich keinerlei Druck auf darunter befindliches Material ausüben konnten. Doch bei den Aufzeichnungen in dem Büro zerrissen sie das Papier mühelos", wundert sich der Zeuge noch heute. Im Zusammenhang mit Annemarie Schaberl erinnerte er sich: „Uns ist diese junge Frau auch aufgefallen. Sie weinte oft. Zu Erscheinungen kam es nur, wenn sie zugegen war, dann wirkte sie starr vor Angst." Dass sie sich nur einen Scherz erlaubt haben könnte, schloss der Techniker vehement aus: „In vielen Fällen war sie nicht einmal in demselben Raum, in dem etwas passierte." Für absurd erklärte er auch die Behauptungen in dem Buch „Falsche Geister – echte Schwindler". Dazu sagte er: „Derartige Tricks wären auf jeden Fall aufgedeckt worden, so viele rational denkende Menschen und Skeptiker, wie sich dort zu jener Zeit aufhielten."

Neben der Kanzlei, in der es in den Jahren 1967/68 zu den genannten mysteriösen Vorfällen kam, befand sich die Wohnung der Familie Adam. Walter, der Sohn des Juristen, war zu jener Zeit 24 Jahre alt und befand sich mitten im Studium. Er sagt, er habe natürlich alles live miterlebt und sich ebenfalls keinen Reim auf die seltsamen Ereignisse machen können, kann aber bestätigen, dass es ab Februar 1968 zu keinen paranormalen Phänomenen mehr kam. Für ihn gilt als erwiesen, dass der Spuk mit der Sekretären Annemarie Schaberl in Zusammenhang stand. Seine Familie verließ die Wohnung in der Königstraße im Jahr 1999.

Vierzehn-Nothelfer-Kapelle (Gemeinde Oberaudorf)

Die Kapellengeister und das nackte Grauen

Die Vierzehn-Nothelfer-Kapelle, erbaut 1710 und wegen ihres heutigen Standorts neben dem „Großfuchsenhof" in der Carl-Hagen-Straße auch Fuchsenkapelle genannt, verdankt ihren Namen den 14 Nothelfern. Es handelt sich dabei um die Heiligen Achatius, Ägidius, Barbara, Blasius, Christophorus, Cyriacus, Dionysius, Erasmus, Eustachius, Georg, Katharina, Margareta, Pantaleon und Vitus, von denen alle bis auf Ägidius als Märtyrer starben. Sie stehen als holzgeschnitzte, hübsch bemalte Figuren in einer Nische des Kirchleins, in deren Mitte sich eine Marienstatue befindet. Am Giebel des Bauwerks zeigt ein Gemälde den heiligen Bischof Donatus, der als Gewitterpatron und Beschützer der Fluren vom Landvolk schon immer sehr verehrt wurde.

Früher stand die Kapelle an einem anderen Platz, nämlich an der Ecke, die von der Bad-Trißl-Straße und der Wernher-von-Braun-Straße gebildet wird – sie musste 1971 versetzt werden, als dort ein Wohnhaus entstand.

Es heißt, in dem kleinen Gotteshaus hatte einst der Lechnerbauer Schutz vor einem Blitzschlag gefunden, als er mit seinem Fuhrwerk nach Oberaudorf unterwegs war. Während er im Innenraum das Gewitter abwartete, erschlug ein Blitz sein auf dem Weg wartendes Pferd. Die Streifspur der elektrischen Entladung ist noch im Gewölbe der kleinen Kapelle als Loch und an der Außenseite des Giebels als dunkler Zickzackstreifen zu erkennen.

Unter den drei alten Lindenbäumen mit den mächtigen Kronen, in deren Schatten das Kirchlein einst stand, sollen drei Husaren begraben sein, die im bayerisch-österreichischen Erbfolgekrieg 1744 getötet worden waren. Im Mittelalter ging an dem Vorläuferbau der „Armesünderweg" vorbei, auf dem zum Tod Verurteilte zur Richtstätte auf den Galgenbichl neben der evangelischen Pfarrkirche geführt wurden. Sie durften vor dem Gotteshaus halten und ein letztes Gebet sprechen. Lange Zeit zuvor haben die Siedler an dieser Stelle bereits vor rund 3000 Jahren eine Kult- oder Begräbnisstätte angelegt, was Ausgrabungen beweisen.

***

Am wahrscheinlichsten hat das Grauen, das mit dieser Kapelle in Zusammenhang steht, mit den Delinquenten zu tun, die auf ihrem letzten Weg an dieser Stelle beteten und dort neben ihren Sünden auch ihre negativen Energien wie Angst und Hass abluden. Vielleicht handelt es sich bei den sagenhaften Kapellengeistern, über die jede Menge schaurige Geschichten in der Region kursieren, um die ruhelosen Seelen der Hingerichteten.

Um 1915 rühmten sich einige Einwohner von Oberaudorf, einen Kapellengeist gesehen zu haben und von ihm geängstigt worden zu sein. Ein Bauer beispielsweise berichtete, dass seine beiden Pferde, die einen Heuwagen zogen, kurz vor der Vierzehn-Nothelfer-Kapelle plötzlich scheuten. Weil die Rösser nicht mehr weiterlaufen wollten, stieg der Mann ab und wollte die störrischen Tiere beruhigen. Er redete sanft auf sie ein und tätschelte sie am Hals, doch als er sie am Zügel nahm und vorwärtsführen wollte, stiegen die Pferde wiehernd und schnaubend mit den Vorderbeinen hoch.

Der Bauer musste zur Seite springen, um nicht von den Hufen getroffen zu werden. Während er seinen panischen Gäulen auswich, wandte er sein Gesicht der Kapelle zu und erschrak fast zu Tode, denn hinter dem Bauwerk trat eine schwarze Gestalt hervor und stellte sich mitten in den Kegel des Straßenlichts. Es handelte sich um einen sehr großen Mann, der seinen Kopf unter dem Arm trug. Schnell bekreuzigte sich der zu Tode erschrockene Bauer, woraufhin der Spuk verflog. Die Pferde beruhigten sich und trabten los, nachdem der Landwirt, schlotternd vor Angst, den Wagen erklommen hatte. Sein Haar war schneeweiß geworden.

Von manchen Leuten wurde ein schwarzer Hund mit glühenden Augen beobachtet, der sich in der Nähe der Kapelle herumtrieb – sobald man sich ihm näherte, verschwand er jedoch jedes Mal spurlos.

In so mancher Nacht sahen Passanten auch einen Lichtschein, der sich vom ehemaligen Galgenbichl abwärts Richtung Kapelle bewegte. Andere berichteten von kleinen Flämmchen, die flackernd in dem oder um das Kirchlein herumtanzten. Es heißt, es handle sich dabei um die Geister jener Verbrecher, die hier einst hingerichtet worden waren und keinen Frieden finden können.

Bei erwähnten Spukberichten handelt es sich zwar um von Generation zu Generation weitererzählten Sagen aus der Region, doch in jeder mündlichen Überlieferung steckt bekanntlich ein Körnchen Wahrheit. Das wird durch Berichte aus der Gegenwart untermauert, die aus dieser Gegend stammen und die Kapelle an ihrem heutigen Standort betreffen.

So behaupten beispielsweise einige Oberaudorfer, dass sie häufiger ein Klagen und Wimmern in dem Bauwerk hören, wenn sie zu späterer Stunde dran vorbeigehen. Es soll klingen, als wäre jemand schrecklich verzweifelt und würde in dem Gotteshaus in höchster Not um Vergebung flehen. Hin und wieder wäre auch ein Aufheulen zu vernehmen, wie eine Art Aufbegehren gegen das Schicksal. Manch einer sah auch ein schwaches Licht, das im Innenraum der Kapelle in schnellem Tempo kreiselte.

Besonders gruselig hört sich das Erlebnis eines belgischen Mannes an, der in der Region einen Verwandtschaftsbesuch machte. Arthur spazierte eines heißen Sommerabends gegen 21.30 Uhr mit dem Hund seiner Gastgeber an dem Kirchlein vorbei, als er plötzlich Geräusche dahinter vernahm. Es klang wie ein heiseres Röcheln. Der Dackel an seiner Seite stellte die Haare am Rücken auf und begann aggressiv zu knurren, obwohl er sonst absolut gutmütig und lieb ist.

Beklommen wollte der Mann weitergehen, doch der Hund stemmte alle vier Beine in den Boden und war nicht von der Stelle zu bewegen. Arthur hob das Tier hoch, wollte dann aber doch wissen, was sich hinter der Kapelle abspielte. Er dachte, es könnte ja auch ein Mensch in Lebensgefahr schweben. Angespannt umrundete er das Bauwerk mit dem knurrenden Dackel im Arm, als er dahinter einen Haufen aus schwarzen Textilien erblickte, aus dem das Geräusch zu kommen schien. Der Mann hob einen Ast vom Boden auf und hob damit das oberste Stück Stoff an, um im selben Moment zurückzuzucken, als sich ein heller schleierförmiger Nebel vor ihm ausbreitete.

Der Hund begann panisch zu fiepen und zu zappeln, und während Arthur ein ekelhafter Geruch in die Nase stieg, packte ihn das nackte Grauen. Er sagt, jedes einzelne Haar auf den nackten Teilen seines Körpers stand wie nach einer elektrostatischen Aufladung kerzengerade in die Höhe. Plötzlich fiel der Haufen jedoch in sich zusammen und wurde zu Asche, zugleich ertönte ein hämisches Lachen und etwa drei Sekunden später flog eine Art riesiger schwarzer Vogel an ihm vorbei. Kaum war der Spuk zu Ende, beruhigte sich der Hund ein wenig, zog aber, kaum mit allen vier Pfoten auf dem Boden stehend, mit enormer Kraft heimwärts. Der Belgier schwört, bei der Vierzehn-Nothelfer-Kapelle einer Hexe begegnet zu sein.

Klosterburg Kastl (Markt Kastl)

Eine Mumie namens Anna

Auf einer langgestreckten Dolomitkuppe über dem Lauterachtal, etwa 50 Kilometer östlich von Nürnberg, thronen hoch über dem Markt Kastl ein ehemaliges Kloster, das über den Grundmauern einer mittelalterlichen Höhenburg errichtet wurde. Von der ursprünglichen Festungsanlage blieben nur in Gebäuden verbaute Steine erhalten.

Die Abtei entstand um 1100 mit dem Namen „St. Petrus" auf Betreiben von Otto und Hermann von Kastl, Graf Berengar I. von Sulzbach sowie Markgraf Diepold III. von Vohburg und seiner Gattin Luitgart. Kurz darauf zogen bereits die ersten Benediktinermönche ein.

Bis 1188 Hauskloster der einflussreichen Grafen von Sulzbach, galt das Stift als eines der wichtigsten Reformklöster Süddeutschlands während des 12. Jahrhunderts. Im Jahr 1129 wurde der Chor der ursprünglichen romanischen Klosterkirche im Stil der Romanik geweiht.

Nach einem Überfall von Raubrittern 1217 war das Bauwerk stark beschädigt. Rasch wieder instandgesetzt, entwickelte es sich in der Folge zu einer der mächtigsten und reichsten Abteien des Landes und zu einem kulturellen Zentrum der heutigen Oberpfalz. Im 14. Jahrhundert ließen die Mönche einen neuen Torturm erbauen. Kaiser Sigismund erhob das Kloster 1413 in den Reichsstand.

Im 15. Jahrhundert stritten sich die beiden Söhne von König Ruprecht von der Pfalz um das Kloster, da der Vater vergessen hatte, es entweder Ludwig oder Johannes zuzuweisen. Bevor der Zwist beigelegt werden konnte, brach in der Anlage 1438 ein Feuer aus, bei dem zahlreiche wertvolle Bücher verbrannten. Ein weiterer Brand 1552 legte die Abtei fast vollständig in Schutt und Asche. Kurz darauf zogen die verarmten Benediktinermönche aus, um sich eine neue Bleibe zu suchen. Nach Einführung der Reformation wurde das Kloster 1556 aufgehoben. Im Zuge der Rekatholisierung der Oberpfalz übergab der bayerische Kurfürst das Bauwerk im Jahr 1636 den Jesuiten, die es renovierten. Als der Orden verboten wurde, erhielten die Malteser 1782 das Stift und errichteten den heute noch existenten frühklassizistischen Hochaltar in der zuvor von den Jesuiten barock ausgestatteten Kirche. Diese wurde nach der Säkularisierung im Jahr 1803 zum Gotteshaus der Pfarrgemeinde Kastl.

1825 hat man das Landgericht von der Burg Pfaffenhausen in das ehemalige Kloster verlegt, wo es bis zu seiner Auflösung 1862 verblieb.

Während des Zweiten Weltkriegs waren verschleppte Kinder und Jugendliche aus Slowenien in der ehemaligen Abtei untergebracht. Ab 1958 befand sich in den Gebäudetrakten ein Ungarisches Gymnasium, das 2006 aufgelöst wurde, danach stand der Bau leer.

Derzeit wird die Anlage, die im Wesentlichen noch so aussieht wie nach der Wiederherstellung im Anschluss an den Brand im Jahr 1552 und sich zum Großteil in Staatsbesitz befindet, umgebaut. Ab 2020 soll sie als Polizeihochschule genutzt werden.

Besonders sehenswert ist die Kirche des Bauwerks mit Abbildungen der lokalen Rittergeschlechter, die dem Kloster Güter gestiftet haben, auf einem Wappenfries – ein Who's who des Oberpfälzer Adels. In dem Gotteshaus wurde einst die kleine Anna zur letzten Ruhe gebettet, die Tochter von Kaiser Ludwig IV., genannt „der Bayer", aus erster Ehe. Das Mädchen war im Jahr 1319 während eines Aufenthalts der Familie in Kastl an den Folgeerscheinungen einer schweren Erkältung gestorben.

Der Herrscher beschloss, Anna nicht nach München überführen zu lassen, sondern übergab sein totes Kind den Mönchen.

Einst klopfte er zu Kastl mit Weib und Kind ans Tor
Doch ach, da kam den Gästen der grimme Tod zuvor,
Der nahm den kleinen Engel der Mutter aus dem Arm,
Es trauerten die Mönche, tief war des Vaters Harm.

J. G. Hierl, Dichter, 19./20. Jahrhundert

Die Gottesmänner entschieden sich für eine Mumifizierung, verschlossen alle Körperöffnungen, balsamierten den Leichnam ein und verwahrten ihn in einem Zinnsarg, der sich in einem Steinsarkophag im Mittelgang der Kirche vor dem Kreuzaltar befand.

Im Jahr 1715 verlegten die Jesuiten Anna in einen an einer Säule angebrachten barocken Schrank aus Eichenholz, der *15 Schuh hoch und 7 Schuh* breit war, eingehüllt in eine seidene Decke mit weiß-blauem Rautenmuster. Viele Jahre später wurde sie in einen Wandschrein umgebettet. Der stand im „Paradies", wie die Vorhalle der Klosterkirche genannt wird, und konnte damals schon besichtigt werden. Der alte Zinnsarg war vermutlich zu Haushaltsgegenständen für die Klosterküche umfunktioniert worden, den Steinsarkophag mit eingemeißelter Inschrift hat man 1829 in einer Scheune wiedergefunden und später öffentlich ausgestellt.

So beschrieb ein Augenzeuge, wie Autor Anselm Cammerer im Buch „Naturwunder, Orts- und Ländermerkwürdigkeiten des Königreichs Bayern" im Jahr 1832 berichtet, den Anblick der Mumie: *Da mir (so sagte ein Ungenannter), der Kirchner den Schrank öffnete, sah ich eine wahre Mumie auf einer Art Polster liegen. Sie war ganz bloß, schwarzbraun oder braunschwarz und wohl conservirt. Ich konnte sogar die kleinen Theile, z.B. die Augenbrauen, das Innere der Ohren, die Nägel an den Fingerchen etc. genau unterscheiden. Nur das Köpfchen war vom Rumpfe abgebrochen, vermuthlich, weil eine profane Hand die Mumie beim Kopfe gefaßt, und zur genaueren Betrachtung aus dem Schranke gehoben hatte.*

Verblüffend ist, dass ober dem Türchen des Schranks das Alter des Kindes mit drei Jahren angegeben wird: *Hier altert im Tode, welche als dreijährig aus diesem Leben ging.* Laut Wissenschaft ist das Mädchen nicht älter als 18 Monate.

Nachdem Luftfeuchtigkeit und Temperaturschwankungen der 58 Zentimeter großen Kindermumie im Laufe der Zeit bereits zugesetzt hatten, wurde sie 2013 gereinigt und für ein halbes Jahr in einem mit Stickstoff gefüllten Spezialschrein aufbewahrt. Dabei stellten Wissenschaftler, die das tote Mädchen in Augenschein nahmen, fest, dass alle Organe noch vorhanden sind und nur das Gehirn fehlt. Zugleich entdeckten sie einen Hautpilz, der das vermutlich generell eher schwächliche und kränkliche Kind noch zu Lebzeiten befallen hatte. Mittlerweile ruht die kleine Prinzessin in einer speziell konstruierten Vitrine aus Hochsicherheitsglas bei gleichbleibendem Innenraumklima, in die ihr Barocksarg eingepasst wurde. Und sie ist auch zurück im „Paradies" und kann dort besichtigt werden. Ihre Mumie zählt zu den ältesten in Europa.

Kaiser Ludwig wollte auch noch nach dem Tod der geliebten Tochter für sie sorgen. Am 13. Januar 1321 stiftete er daher „auf ewige Zeiten" einen Jahrestag für das Seelenheil des Kindes. Doch mit der Vertreibung der Kastler Mönche im Jahre 1560 und der Aufhebung des Klosters während der Reformationszeit wurde der Wille des Vaters außer Kraft gesetzt. Bleibt nur die Frage: Wo ist Annas Gehirn?

In der alten Klosterkirche befindet sich noch ein weiteres Grabmal, allerdings handelt es sich um keinen einbalsamierten Leichnam, sondern um die sterblichen Überreste von Seyfried Schweppermann. Der tapfere Kämpfer war in zahlreiche Auseinandersetzungen mit gefährlichen Raubrittern verwickelt, bestritt erfolgreich einige Turniere und nahm an der Seite von

Kaiser Ludwig an mehreren Schlachten teil. An den berühmten Feldherrn erinnern die originale Grabplatte aus rotem Marmor aus dem Jahr 1337 und die von 1783 von den Maltesern errichtete schwarzmarmorne Ehrentumba aus Muschelmarmor. Es existiert auch eine Tafel, auf der ein Mann in voller Rüstung auf einem Pferd zu sehen und zu lesen ist:

Hier leit begraben Herr Seyfried Schweppermann
Alles thuns und Wandels lobesann,
Ein Ritter keck und vest,
Der bei Gammelsdorf und Ampfingen
Im Streit that das Best.
Er ist nun todt,
Dem Gott genod.
Jedem Mann ein Ey,
dem frommen Schweppermann zwei.

Der Ritter wird in der Region, in der regelmäßig „Schweppermannspiele“ abgehalten werden, als kühner Held gefeiert.

Der bekannte Ausspruch „Jedem ein Ei, dem frommen Schweppermann zwei!“, der die schwarze Tumba ziert, wird Kaiser Ludwig in den Mund gelegt. Er soll den Satz ausgerufen haben, als nach der Schlacht bei Mühldorf am 28. September 1322 an die erschöpften Kämpfer hartgekochte Eier verteilt wurden.

Für seine Dienste in der Schlacht von Gammelsdorf erhielt der Ritter allerdings eine angemessenere Entschädigung: 300 Pfund Regensburger Pfennige und die Burg Grünsberg.

Über Schweppermann kursiert auch noch folgende Legende: Der Haudegen soll schon immer gewusst haben, wie man seine Feinde in die Irre führen kann. Und so floh er einst mit einigen Getreuen und kam auf seinem Weg an eine Schmiedewerkstatt vorbei. Er bat den Handwerker, die Hufeisen verkehrt herum an die Pferde zu schlagen, sodass es so aussähe, als würde er in die andere Richtung reiten. So geschah es auch, und Schweppermann und seine Leute konnten den Verfolgern entkommen.

***

Von Anna ist heute in der Klosterkirche ein riesiger Kopf mit winzigen Augenhöhlen, einem Loch unterhalb des Nasenrückens und ein geöffneter Mund, darunter ein eingefallener Brustkorb, zarte Arme und überkreuzte Beine sind zu sehen.

Ob ihre Seele Frieden gefunden hat, ist ungewiss, da ein Medium aus Nürnberg behauptet, mit der feinstofflichen Präsenz des Kindes gesprochen zu haben. Das Mädchen wäre demzufolge während seines Aufenthalts in Kastl von seiner älteren Schwester mit einem riesigen Kissen erstickt worden und unter großen Qualen gestorben. Der Geist des Kindes hätte den Todeskampf äußerst dramatisch und plastisch geschildert und dabei heftig geschluchzt. Zudem empfing das Medium auch die Botschaft, dass sich Anna nicht mit der Mumie identifizieren kann, nicht versteht, dass es sich dabei um ihre sterblichen Überreste handelt. Sie hat angeblich gefragt, wer das sein soll und warum „dieses hässliche verschrumpelte Ding“ ihren Namen trägt.

Ein weiteres Signal aus dem Jenseits kommt in Form einer geisterhaften Erscheinung, von der Touristen berichten, die der Klosterkirche einen Besuch abgestattet haben. Angeblich saust ein kleiner Wirbelwind in Gestalt eines kleinen Mädchens um das Bauwerk, allerdings in einem Tempo, das nicht mit der irdischen Geschwindigkeit eines menschlichen Kleinkinds zu vergleichen ist – etwa so, als würde man beim DVD-Player den doppelten Schnellvorlauf einstellen.

Eine andere Stimme aus dem Reich der Toten ist offenbar jene von Seyfried Schweppermann. Seine Spukgestalt ist, so heißt es, direkt bei seinem Grabmal zu sehen. Der wackere Ritter lehnt in Gestalt einer fast real aussehenden Person rechts an der schwarzen Tumba und blickt den Besuchern der Klosterkirche mit traurigen Augen entgegen. Allerdings sehen ihn nicht alle Menschen, sondern üblicherweise nur Burschen im Alter zwischen zwölf und 16 Jahren. Die Betroffenen erzählen, es würden starke Schwingungen von der paranormalen Erscheinung ausgehen, die ein starkes Kraftfeld aufbauen, in dem sich ein Gefühl von „ewigem Leid“ oder „unendlicher Qual“ potenziert.

Viele der jungen Männer müssen daraufhin die Aura dieser paranormalen Erscheinung verlassen, weil sie von einem Schwindel erfasst werden oder ihnen übel wird. Ein 15-jähriger Tourist aus Österreich, der sich das ehemalige Kloster zusammen mit seinen Eltern angesehen hat, berichtet sogar über eine wochenlange Schlaflosigkeit, die nach dem Anblick des Geisterritters bei ihm aufgetreten wäre – abseits der Tatsache, dass sein Vater und seine Mutter ihm nicht glauben und seine Wahrnehmung als Unfug abgetan haben.

„Ich hab mich nicht gefürchtet, aber schon ziemlich gegruselt. Und ich weiß ganz sicher, dass dort ein Mann gestanden ist, obwohl ich der einzige in der Familie war, der ihn sehen konnte. Als ich Kopfschmerzen bekam und mir schlecht geworden ist, war er plötzlich weg. Als hätte er sich in Luft aufgelöst!“

Quellen

Stand aller Internetseiten: 31.1.2019

Allgemein
http://www.austria-forum.org
österreichisches Wissensnetz
http://anno.onb.ac.at
AustriaN Newspaper Online
https://bavarica.digitale-sammlungen.de
Digitale Bayerische Zeitungen
https://books.google.at
Digitale Bücher
http://www.wikipedia.at
freie Online-Enzyklopädie
http://zefys.staatsbibliothek-berlin.de
Zeitungsinformationssystem

Marienplatz (Landeshauptstadt München, Landkreis München)
Kaufmann, Betty: „Gruseliges und mysteriöses Bayern", Betty Kaufmann (Selfpublishing), Bayern 2016
https://www.stuttgarter-zeitung.de/inhalt.zehn-fakten-zu-schloss-neuschwanstein-mythos-neu-wahnstein.8e50dee9-f8fd-4b96-8b86-379f6dc430c0.html
https://www.sueddeutsche.de/muenchen/architektur-wie-sich-das-herz-der-stadt-immer-wieder-wandelte-1.3522465
https://www.tz.de/muenchen/stadt/14-gruselgeschichten-aus-unserer-stadt-an-diesen-14-soll-es-in-und-um-muenchen-spuken-9682609.html

Weitere Spukplätze in München
Süssmuth, Astrid: „111 Spukorte in und um München, die man gesehen haben muss", Emons Verlag, Köln 2018

https://www.abendzeitung-muenchen.de/inhalt.muenchen-das-gespenst-vom-alten-peter-bringt-die-pest.23171cb5-7782-4693-8903-1ef48cab515a.html
https://www.mystisches-muenchen.de/wp-content/uploads/2017/06/Halloween_Doppelseite.pdf
https://www.travelbook.de/ziele/staedte/comedian-tommy-krapp-weis-verraet-so-mystisch-ist-muenchen

Schloss Berg (Gemeinde Berg)

WEISS/BLAU Das Urlaubsmagazin für Bayern, April 2018
https://www.focus.de/wissen/mensch/geschichte/biografien/tid-22518/125-todestag-von-ludwig-ii-der-mythos-vom-maerchenkoenig_aid_632826.html
https://gfx.sueddeutsche.de/apps/582ae263f38f33fb247b60ca/www/
http://www.ludwig.cmswp.de/2013/05/03/roseninsel-2/
https://www.ovb-online.de/weltspiegel/bayern/ludwigs-heimliche-residenz-9846867.html
http://www.spiegel.de/spiegel/print/d-13519555.html

Schloss Neuschwanstein (Gemeinde Schwangau)

Schwab, Anton und Ute Monika: „Die Lebenszeugnisse Oswalds von Wolkenstein", Böhlau Verlag, Wien 2011
https://www.myforggensee.de/schloss-neuschwanstein.html

St.-Ulrichs-Kapelle (Gemeinde Wolferstadt)

Söder, Kerstin: „111 Orte im Fränkischen Seenland, die man gesehen haben muss", Emons Verlag, Köln 2015
https://horrorfakten.com/geister-uhlberg-kapelle/
http://www.kraftvolle-orte.de/uebersicht-der-kraftvollen-orte/kirchen/ruinenkirche-st-ulrich-auf-dem-uhlberg/
https://www.mysteryhunter.de/sagen_legenden/uhlberg.htm
http://www.nordbayern.de/region/treuchtlingen/spuk-und-horror-grusel-kapelle-im-altmuhltal-bald-im-tv-1.5472933

https://www.spontis.de/schwarze-szene/finstere-orte/verwunsch-enes-kloster-uhlberg/

Ramsee (Gemeinde Herrsching am Ammersee)

Allgemeine Zeitung München für das Jahr 1852, Verlag der J. G. Gotta'schen Buchhandlung, Stuttgart und Augsburg 1853

Fenzl, Fritz: „Sagen und Mythen aus Bayern", Stiebner Verlag, München 2009

Friesenegger, Maurus: „Tagebuch aus dem 30jährigen Krieg", Allitera Verlag, München 2015

http://www.kulturlandschaften.eu/images/sampledata/PDF/Ramsee-internet-PDF.pdf

https://www.merkur.de/lokales/starnberg/landkreis/prinzen-pfeifen-ramsee-sind-herrschinger-archaeologen-thema-4779293.html

Schloss Ortenburg (Markt Ortenburg)

„Hounted – Seelen ohne Frieden", TV-Serie, TLC, Folge: Schloss Ortenburg, 2016

https://www.youtube.com/watch?v=R__2X2EU3Qw

https://www.foerderkreis-schloss-ortenburg.de/schloss-ortenburg/pomeranzenhaus/

http://www.schloss-ortenburg.de/

Galgenbichl (Stadt Schongau)

Schongauer Nachrichten, Original-Artikel vom April 1970

Kaufmann, Betty: „Gruseliges und mysteriöses Bayern", Betty Kaufmann (Selfpublishing), Bayern 2016

Offenberg, Ulrich: „Hexen: Die Bräute des Satans", Komplett-Media, Grünwald 2011

https://www.merkur.de/lokales/regionen/kaufleuten-henkern-galgen-voegeln-164085.html

http://oliver-poetzsch.de/die-welt-der-henker/

https://www.psihunter.de/bizarre-orte/ein-ort-des-grauens/

Kaufbeuren (Stadt Kaufbeuren)
Reiser, Karl August: „Sagen, Gebräuche und Sprichwörter des Allgäus: aus dem Munde des Volks“, hansebooks, Norderstedt 2016
https://www.kreisbote.de/lokales/fuessen/gegen-gewalt-gegen-frauen-4486798.html
https://www.mythologie-atlas.de/kaufbeuren

Hinterkaifeck (Gemeinde Waidhofen)
https://www.donaukurier.de/themen/dossiers/hinterkaifeck/90-Jahre-Hinterkaifeck-Die-Ermittlungen
https://www.hinterkaifeck.ch
http://www.lokalkompass.de/rheinberg/kultur/das-verlassene-spukschloss-wolfskuhlen-d558634.html http://die-verlassenen-orte.de/haus-wolfskuhlen/
https://www.ovb-online.de/weltspiegel/bayern/ermordete-bauernfamilie-gruber-6777518.html
http://www.sueddeutsche.de/bayern/mysterioeser-mord-geheimnis-um-eine-siebte-leiche-1.409404

Triftsperre, Ilzufer und Hals (Stadt Passau)
Liskow, Konstanze und Kinne, Lisa: „Die Esplanade Hals“, Seminararbeit
zum Rahmenthema Städtische Grünflächen, März 2018
Schmid, Claudia: „Passauer Land: 66 Lieblingsplätze und 11 Brauereien“, Gmeiner Verlag, Meßkirch 2011
Pasta! Passauer Stadtmagazin, September 2011
https://www.hogn.de/2017/02/28/1-da-hogn-geht-um/nachrichten-niederbayern/mordserie-franz-hartl-passau-buch-autor-hildegard-baumann-hals/94012

Heining (Stadt Passau)
https://www.proplanta.de/Maps/Verlassener+Bauernhof+-+Passau_poi_fotos1361649131.html
https://www.youtube.com/watch?v=DCUAbWDqUnY

https://www.youtube.com/watch?v=mGnLwavERFw
https://www.youtube.com/watch?v=bnpylgANZ_k

Abrahamhof (Neuburg am Inn)

Dachs, Johann: „Tod im Wald: Wahre Geschichten von Wilderei und Förstermord", SüdOst Verlag, München 2017
https://www.ffpassau.de/media/ffpassau/attachments/714.56f562617f368.2010_11_20apnp.pdf
https://www.pnp.de/themen/2015/kriegsende/1665215_Blutspur-im-Neuburger-Wald.html

Thomasbach (Markt Eichendorf)

http://blog.gestreift.net/2016/07/geisterkirche-in-thomasbach/
https://www.geocaching.com/geocache/GC4BMD9_geisterkirche-thomasbach
http://www.online-beilage.idowa.de/beilagen/archiv/20180730_heimatgefuehle_eichendorf/44-45/

Kloster Wessobrunn (Gemeinde Wessobrunn)

https://www.hdbg.eu/kloster/web/index.php/detail/geschichte?id=KS0432

Burg Wolfsegg (Gemeinde Wolfsegg)

http://www.burg-wolfsegg.de
https://www.lochstein.de/hoehlen/D/fralb/sfralb/wolfsegg/wolfsegg.htm
https://www.zeit.de/1989/41/und-klara-geistert

Rechtsanwaltspraxis Adam (Stadt Rosenheim)

Grenzgebiete der Wissenschaft, III/68, 17. Jahrgang, Verlag Josef Kral & Co, Abensberg, Andreas Resch: Der Fall Rosenheim
Huemer, Werner: „Unsterblich? Gute Gründe für ein Leben nach dem Tod", Verlag Komplett-Media, München 2015
Innes, Brian: „Gespenster – Geister – Phänomene", Weltbild, Salzburg 2017 (Original: „Ghost Sightings", Amber Books Ltd., London 2016)

https://www.geisterspiegel.de/?p=15038
https://onlinelibrary.wiley.com/doi/pdf/10.1002/phbl.19700260911
https://www.ovb-online.de/rosenheim/rosenheim-stadt/habe-noch-immer-keine-erklaerung-9374064.html
http://www.spiegel.de/spiegel/print/d-45465380.html
https://www.stregato.de/blog/2013/07/der-spuk-von-rosenheim/
https://www.zeit.de/1970/15/geister-oder-nylon

Vierzehn-Nothelfer-Kapelle (Gemeinde Oberaudorf)
„Bayerische Sagen. Regionale Legenden und Geschichten", tosa Verlag, Wien 2016

Klosterburg Kastl (Markt Kastl)
Cammer, Anselm und Caspar, Andreas: „Naturwunder, Orts- und Ländermerkwürdigkeiten des Königreichs Bayern: für Vaterlandsfreunde, so wie für kunst- und naturliebende Reisende", Verlag Kösel, Kempten 1832
https://www.br.de/radio/bayern2/sendungen/zeit-fuer-bayern/jedemmann-ein-ei-die-geschichte-des-ritters-schweppermann-100.html
http://www.kastl.net/sw_mann/sw_anna1.htm
https://www.mittelbayerische.de/region/amberg/gemeinden/kastl/kastl-polizei-hochschule-in-die-burg-20898-art1433866.html
https://www.mittelbayerische.de/bayern/wo-liegt-die-mumie-der-tochter-von-ludwig-dem-bayer-21704-art1266526.html
http://www.schweppermannspiele.de/festspiel/historie/